München
1. Auflage 2001
ISBN 3-89883-014-4

Grafische Gestaltung Verena Fleischmann,
Barbara Markwitz
Grafisches Konzept Miro Pistek
Umschlaggestaltung Verena Fleischmann
Fotografie Walter Cimbal
Klappe vorne innen: Stockfood/S. & P. Eising (4 Fotos);
Klappe hinten innen: Stockfood/S. & P. Eising (9 Fotos),
Stockfood/Gaby Bohle (1 Foto)
Redaktion Edelgard Prinz-Korte
Vorwort Carolin Schuhler
Herstellung Karin Mayer, Peter Karg-Cordes
Lithografie inteca Media Service GmbH, Rosenheim
Druck & Bindung Officine Grafiche D^{e} Agostini, Novara

Wir danken der Firma Thomas/Rosenthal für die freundliche
Bereitstellung des Porzellans bei den Fotoaufnahmen.

Besuchen Sie uns auch im Internet unter den Adressen www.zsverlag.de und
www.alexander-herrmann.de

KOCH ZEIT

15 minuten · 20 minuten · 30 minuten

FISCH

von Alexander Herrmann

ZABERT SANDMANN

Inhalt

ALLE REZEPTE FÜR ZWEI PERSONEN

Genuss ohne Stress

ALEXANDER HERRMANNS »ENTSPANNUNGSKOCHEN«

Keine Angst vor Aromen!« lautete sein Wahlspruch, als er 1995 antrat, die Küche des Traditionshauses »Herrmann's Restaurant« im oberfränkischen Wirsberg zu revolutionieren: Inspiriert von der weltoffenen Crossover-Küche Kaliforniens begann Alexander Herrmann, aufregende Kombinationen wie Thunfisch mit Melonen-Chili-Kaltschale, Kalb-Hummer-Roulade oder Polenta-Eis zu kreieren – und begeistert damit nicht nur das Festspielpublikum aus dem nahe gelegenen Bayreuth: Inzwischen ist Herrmann – mit gerade 32 Jahren von 15 Gault-Millau-Punkten gekrönt – ein ebenso beliebter wie telegener Mitwirkender in TV-Shows wie dem »Kochduell« sowie Autor und Kursleiter. Ob Prominenten-Party, Fernsehsendung oder Internet-Küchenlexikon – das Motto des fränkischen Sonnyboys heißt bei jedem Projekt: »Keine Angst!«

Und das, so seine Überzeugung, sollte auch das Credo sein, mit dem Hobbyköche ihre Ausflüge in kulinarische Welten unternehmen. »Stehen wir im Alltag nicht schon häufig genug unter Erfolgsdruck?«, fragt er und sieht die Stunden am heimischen Herd nicht als weitere Leistungsdemonstration (»Wer träumt denn schon zu Hause davon, einen Michelinstern zu ergattern? Dafür sind schließlich die professionellen Köche zuständig.«), sondern als Möglichkeit, abzuschalten und sich kreativ zu erholen. Auf diesem »Entspannungskochen«, wie er es nennt, basiert Herrmanns Rezeptsammlung »Kochzeit«, deren zweite Folge mit dem Schwerpunkt Fisch auf den nächsten Seiten präsentiert wird. Auch wenn die »Hauptdarsteller« wechseln – das erfolgreiche Prinzip der ersten Staffel hat der Regisseur beibehalten: Zehn feste Basisprodukte stellen die konstanten Requisiten dar, werden pro Gericht mit maximal vier neu gekauften Lebensmitteln ergänzt und durch verschiedene Abschmeckvarianten abgerundet.

»Viele Kochbücher enthalten so anspruchsvolle Beschreibungen, als hätte man ein Bistro daheim«, hatte er beim Durchblättern entsprechender Werke festgestellt. Das wollte Alexander Herrmann unbedingt vermeiden. »Ich möchte niemanden mit Rezepten blenden und dann damit allein lassen«, sagt der Mann, der in seinem eigenen Gourmetbetrieb gekonnt zwischen internationaler Haute Cuisine und fränkischen Spezialitäten balanciert, »sondern Inspirationen liefern zu einer Küche, die jeder ein Stück weit selbst interpretieren kann.« So realitätsnah wie möglich formuliert er daher seine Zutatenlisten – die Grundzutaten sind im Supermarkt, die empfohlenen Fische auch außerhalb der Feinschmecker-Zentren erhältlich. »Inzwischen bekommt man auch in ländlichen Regionen problemlos frische Ware – ich habe alle Fische in der Bayreuther Gegend gekauft. Kurzes Drücken zeigt, ob das Fleisch schön fest und damit frisch ist – haben Sie Zweifel, scheuen Sie sich nicht, nach Alternativen zu fragen!« Genuss schon beim Einkauf, »ohne zu verkrampfen«.

Darum geht es auch bei Alexander Herrmanns Art der Angaben. Statt akribisch genauer Maßeinheiten setzt er auf Nachvollziehbarkeit: 125 Gramm Kirschtomaten werden zu 1 Hand voll, 5 cl Portwein zu 1 kräftigen Schuss – mit dem Ziel, dass man so ein Gefühl für das jeweilige Gericht und die eigenen Geschmacksvorlieben entwickelt. Eine solche Entspanntheit – für Herrmann unabdingbarer Bestandteil einer modernen Küche – stellt sich nicht ein, wenn man nur einmal im Monat daheim kocht. Gerichte, die Hobbyköche mehrere Stunden an den Herd fesseln, widersprechen seiner Philosophie von der kulinarischen Alltagsbereicherung. Und so gibt er seinen Rezepten einen klaren Rhythmus vor: 15, 20 sowie 30 Minuten. Mehr Koch-Zeit muss nicht sein – damit Sie genug Muße haben, sich dem Genuss und den Gästen zu widmen.

Die Basisprodukte

1 Ei
2 Zitrone
3 Zwiebel
4 Kartoffel
5 Sahne
6 Rotwein
7 Weißwein
8 Balsamico-Essig
9 Olivenöl
10 Gemüsebrühe

1

2

3

4

1 Ei

Trotz seines hohen Cholesteringehalts ist das Ei ein wertvolles Nahrungsmittel: Es liefert viele Vitamine und hochwertiges Eiweiß. Verwenden Sie möglichst Eier von frei laufenden Hühnern. Im Kühlschrank sind frische Eier ca. 2 Wochen haltbar.

2 Zitrone

Zitronensaft ist ein Muss, um Gerichte mit etwas Säure abzurunden. Kaufen Sie unbehandelte Zitronen, dann können Sie auch die Schale verwenden.

3 Zwiebel

Als Grundzutat für Suppen, Fonds und Saucen ist sie unverzichtbar, denn die Zwiebel (und ihre »Luxusausführung«, die Schalotte) ist das »Würzgemüse« schlechthin. Zwiebeln sollten trocken, kühl und dunkel lagern.

4 Kartoffel

Etwa 200 Kartoffelsorten sind auf dem Markt, alle mit meist wohl klingenden Namen. Man unterscheidet vier verschiedene Reifegruppen und – was wichtiger ist – drei unterschiedliche Gareigenschaften: Fest kochende Kartoffeln haben wenig Stärke

5

und behalten beim Kochen ihre Form; sie eignen sich z. B. besonders gut für Bratkartoffeln. Mehlig kochende haben hingegen sehr viel Stärke und somit Bindekraft, weshalb sie *die* Püreekartoffeln sind. Für den Vorrat empfiehlt es sich, vorwiegend fest kochende Kartoffeln zu kaufen, denn sie eignen sich für alle Kartoffelzubereitungen. Sie zerfallen kaum beim Kochen, haben aber genügend Bindefähigkeit (z. B. für Püree).

5 Sahne

Sahne ist *der* Grundstoff für cremige Saucen und außerdem der perfekte Geschmacksträger. Auch wenn man sie nur wohl dosiert einsetzt, darf Sahne in keiner Küche fehlen.

6

6 Rotwein

Nicht nur als Begleiter zum Essen, auch als Zutat ist Wein unentbehrlich. Rotwein sollte trocken sein und nicht zu tanninhaltig! Beim Einkochen verfliegt der Alkohol – und was bleibt ist der pure Geschmack, der z. B. Saucen und Suppen verfeinert. Verwenden Sie möglichst den Wein zum Kochen, der später auch zu dem Gericht getrunken wird.

7 Weißwein

In der Regel verwendet man trockenen Weißwein in der Küche; asiatische Gerichte werden aber gern mit einem halbtrockenen abgeschmeckt. Weißwein dient als Säureunterstützer und natürlich als Geschmacksträger (alles Weitere siehe unter Rotwein).

8 Balsamico-Essig

Je älter der italienische Kultessig ist, umso milder und angenehmer wird seine Säure (und umso teurer ist er leider auch). Er sollte mindestens 4 Jahre in alten Weinfässern heranreifen dürfen, Spitzensorten sind sogar bis zu 25 Jahre alt. Balsamico ist Geschmackssache, daher heißt es: immer wieder testen und probieren, bis man seinen Lieblings-Balsamico gefunden hat.

9 Olivenöl

Ohne ein gutes Olivenöl kommt man in der Küche nicht aus. Achten Sie beim Kauf auf die Kennzeichnung »extra vergine« bzw. »natives Olivenöl extra« – damit ist garantiert, dass das Öl kaltgepresst ist (also aus der ersten Pressung stammt) und nur wenig Säure hat. Suchen Sie das Olivenöl, das Ihnen am besten schmeckt. Es genügt übrigens ein Öl der mittleren Preiskategorie.

10 Gemüsebrühe

Die beste Gemüsebrühe ist immer noch die selbst gemachte. Dazu brauchen Sie 3 Zwiebeln, 1 Karotte, 1 Stange Lauch, 1 Achtel Knollensellerie, Salz und Pfefferkörner. Das Gemüse putzen, waschen und in grobe Würfel schneiden. In einem großen Topf mit etwas Butter andünsten, fast auf das Doppelte mit Wasser aufgießen und aufkochen, Salz und Pfeffer hinzufügen. 3 Tomaten waschen und halbieren. 1/2 Bund Petersilie waschen und mit den Tomaten sowie Kräutern Ihrer Wahl zur Brühe geben. Alles 40 Minuten bedeckt leicht köcheln lassen. Die Brühe durch ein Sieb gießen und noch heiß in saubere Einmachgläser füllen, verschließen und kalt stellen. Sie können natürlich auch Gemüsebrühwürfel verwenden – aber dann bitte aus dem Reformhaus.

Die Sowieso-Produkte

sollten ebenfalls vorhanden sein:

- ☐ Mehl und Stärke (oder Fix-Saucenbinder)
- ☐ Butter
- ☐ Ketchup
- ☐ Pflanzenöl
- ☐ Zucker
- ☐ Salz und Pfeffer

7

8

9

10

Kochzeit 15 Minuten

Geröstetes Olivenbrot

MIT TOMATEN UND TINTENFISCH

Nur diese 4 Zutaten kaufen:

1 150 g kleine Tintenfischringe (roh)
2 2 Strauchtomaten
3 8 Scheiben Oliven-Ciabatta-Brot
4 2 Zweige Basilikum

Basisprodukte:
4 EL Olivenöl, 1/2 Zitrone
sowie Salz, Pfeffer

Die italienische Antwort auf Canapés. Ein Knabberspaß so nebenbei, als Auftakt zu einem italienischen Menü, zu einem kühlen Aperitif auf der Terrasse oder einfach nur so, weil es gut schmeckt!

Tintenfisch und Tomaten

Die Tintenfischringe kurz abbrausen und trockentupfen. Die Tomaten waschen, vierteln, entkernen und in feine Würfel schneiden. In einer heißen Pfanne mit 2 EL Olivenöl zunächst die Tintenfischringe rasch anbraten, mit Salz und Pfeffer würzen, die Tomaten hinzufügen und kurz mitbraten. Mit Salz und Pfeffer sowie etwas Zitronensaft abschmecken.

Das Brot

Die Ciabatta-Scheiben mit 2 EL Olivenöl in einer Pfanne von beiden Seiten anrösten und auf Küchenpapier abtropfen lassen. Zum Anrichten Tomaten und Tintenfisch auf dem Olivenbrot verteilen. Basilikum waschen, trockenschütteln, die Blätter von den Stielen zupfen und das Brot damit garnieren.

Kochzeit
15
Minuten

Wenn Sie die Brotscheiben vor dem Belegen mit Knoblauch einreiben, werden sie noch würziger. Statt Basilikum können Sie auch frischen Thymian verwenden.

15

Gebeizter Lachs

MIT POCHIERTEN SALATHERZEN

Nur diese 4 Zutaten kaufen:

1 2 Salatherzen
2 2 Zweige Dill
3 1 EL mittelscharfer Senf
4 150 g gebeizter Lachs (in Scheiben)

Basisprodukte:
1 Glas Weißwein
sowie 1 EL Butter, Salz, Pfeffer,
1/2 TL Zucker, 2 EL Pflanzenöl

Das Beizen von Lachs diente früher der Konservierung der Fische und wird heute aus Geschmacksgründen vorgenommen. Wichtig ist dabei, neben anderen Aromastoffen, immer Salz, das dem Fisch Feuchtigkeit entzieht. Der Fisch »gart«, ohne gekocht zu werden.

Die Salatherzen

Von den Salatherzen die äußeren Blätter entfernen, Salatherzen halbieren, waschen und gut trockentupfen. Mit den Schnittflächen nach unten in einer kleinen Pfanne mit der Butter bei mittlerer Hitze anbraten, mit Salz und Pfeffer würzen. 1 großen Schuss Weißwein dazugießen. Den Deckel auflegen und die Salatherzen etwa 2 Minuten dünsten.

Die Sauce

Den Dill waschen, trockentupfen und fein hacken, einige Spitzen zum Garnieren beiseite legen. Den Senf mit etwas Dill, dem Zucker und 1 Schnapsglas Weißwein verrühren, das Pflanzenöl langsam dazugeben und die Sauce glatt rühren.

Der Lachs

Zum Anrichten die lauwarmen Salatherzen auf Teller geben, die gebeizten Lachsscheiben daneben anrichten. Die Senf-Dill-Sauce darum verteilen und alles mit einigen Dillspitzen garnieren.

Kochzeit 15 Minuten

Einige Scheiben geröstetes Graubrot oder gebackene Kartoffelspäne (siehe S. 38) passen hervorragend zum Lachs.

15

Salat von Forelle

UND RADICCHIO MIT CRÈME FRAÎCHE

Nur diese 4 Zutaten kaufen:

1 1 Kopf Radicchio
2 4 EL Crème fraîche
3 2 geräucherte Forellenfilets
4 2 Zweige Dill

Basisprodukte:
1/2 Zitrone, 1 TL Balsamico-Essig,
1 EL Olivenöl
sowie Pfeffer

Geräucherte Forelle einmal nicht mit Sahnemeerrettich auf Toast: Der herbe Geschmack des Radicchios harmoniert gut mit dem fein-würzigen Aroma der Forelle – ein ganz besonderer Genuss.

Der Radicchio

Vom Radicchio die äußeren Blätter entfernen, den Strunk herausschneiden, die schönsten Blätter ablösen und in lauwarmes Wasser legen. Das entzieht dem Salat etwas die Bitterstoffe.

Sauce und Forelle

Die Crème fraîche mit etwas Zitronensaft glatt rühren. Die Forellenfilets auf Gräten kontrollieren, falls nötig, entfernen (siehe Einband) und die Filets in kleine Stücke zerteilen.

Salat und Dressing

Den Radicchio für 2 Minuten in kaltes Wasser legen (dadurch wird er wieder schön knackig), anschließend gut abtropfen lassen. Den Dill waschen und trockentupfen. Kurz vor dem Anrichten den Salat mit Balsamico-Essig und Olivenöl marinieren. Zum Anrichten den Salat auf Teller verteilen, die Forellenstücke darauf anrichten und mit der Crème fraîche beträufeln. Mit Dill garnieren und Pfeffer aus der Mühle darüber streuen.

Kochzeit
15
Minuten

Statt Radicchio passt auch gut herber Rucola, milder Kopfsalat oder würziger Feldsalat.

15

Bayerisches Matjestatar

MIT RADIESCHEN

Nur diese 4 Zutaten kaufen:

1

2

3

4

1 4 Matjesfilets
2 6 EL Schmand
3 1/2 Bund Schnittlauch
4 1/2 Bund Radieschen

Basisprodukte:
1/2 Zitrone, 1/2 Zwiebel
sowie Pfeffer

Matjes nach Hausfrauenart mit Apfel, Essiggurke und Zwiebeln ist wohl eine der beliebtesten Zubereitungsarten. Die im Aroma kräftigen Matjes vertragen sich aber auch sehr gut mit Rettich oder den etwas milderen Radieschen.

Der Matjes

Die Matjesfilets in feine Würfel schneiden und mit dem Schmand, 1 Spritzer Zitronensaft und etwas Pfeffer vermischen. Den Schnittlauch waschen, trockentupfen und fein hacken. Einige Halme zum Dekorieren beiseite legen. Die Zwiebel schälen und in feine Streifen schneiden. Beides zum Matjes geben und darunter rühren.

Das Tatar

Die Radieschen putzen, gründlich waschen und auf einem Trüffelhobel oder mit einem Messer in feine Scheiben schneiden. Zum Anrichten die Teller mit den Radieschenscheiben belegen und das Tatar darauf geben oder die Matjes in einem Glas mit den Radieschen und Schnittlauchspitzen garniert servieren.

Kochzeit
15
Minuten

Zum Matjestatar passen als Beilage Pumpernickel oder knusprig gebackene Kartoffelspäne (siehe S. 38).

15

Kalte Melonensuppe

MIT KREBSSCHWÄNZEN

Nur diese 4 Zutaten kaufen:

1

2

3

4

1 1/2 Hand voll Krebsschwänze (in Lake)
2 1 mittelgroße Cavaillon-Melone
3 1 Schnapsglas Portwein
4 2 Zweige Minze

Wer kennt sie nicht, die erfrischende Kaltschale an heißen Tagen? Diese kalte Melonensuppe hat sich in Gourmetkreisen fast schon zu einem Klassiker etabliert. Dabei ist sie so einfach in der Zubereitung. Wichtig sind vor allem die Qualität und Reife der Melone – lassen Sie sich beraten!

Die Krebsschwänze

Die Krebsschwänze in ein Sieb geben und kurz abbrausen. Auf Küchenpapier abtropfen lassen.

Die Melone

Die Melone halbieren, mit einem Löffel das Kerngehäuse vorsichtig entfernen. Das Fruchtfleisch sorgfältig herauslösen, dabei einen Rand stehen lassen. Den Rand der Melonenhälften zackenförmig einschneiden. Einige schöne Melonenstücke in Würfel schneiden, den Rest in eine kleine Schüssel geben, den Portwein hinzufügen und mithilfe eines Stabmixers oder eines kleinen Küchenmixers pürieren.

Die Suppe

Einige Minzeblätter waschen, trockentupfen und hacken. Die Melonensuppe damit abrunden. Zum Anrichten die Suppe sowie die Melonenwürfel und Krebsschwänze in die Melonenhälften füllen, mit restlicher Minze dekorieren und nach Belieben auf »crushed ice« servieren.

Kochzeit 15 Minuten

Statt der Minze schmeckt auch Estragon hervorragend zur Melone. Mit Hummer oder Langostinos wird dieses Gericht nicht nur preislich aufgewertet.

15

Fladenbrotschiffchen

MIT SHRIMPS UND ZITRONENCREME

Nur diese 4 Zutaten kaufen:

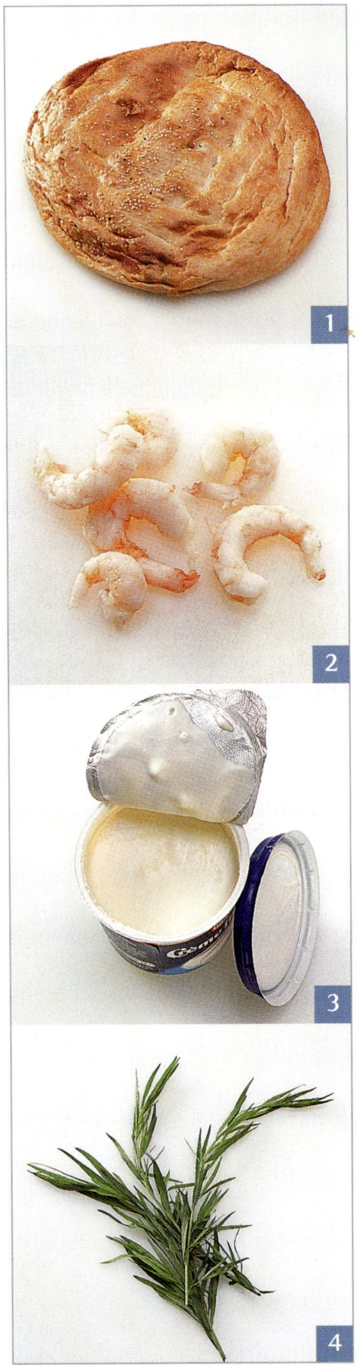

1. 1 Fladenbrot
2. 1 Hand voll Shrimps (vorgegart)
3. 3 EL Crème fraîche
4. 2 Zweige Estragon

Basisprodukte:
1/2 Zitrone
sowie Salz, Pfeffer

Wenn Sie einmal keine Zeit für die Mittagspause haben, sind die Fladenbrotschiffchen ein schneller Snack für Zwischendurch. Halbiert und mit Shrimps gefüllt wird aus dem Fladenbrot das ideale Sandwich für ein Picknick – dazu einen gekühlten Prosecco genießen!

Brot und Shrimps

Vom Fladenbrot die Ränder 5 cm dick abschneiden, sodass 4 Schiffchen entstehen. Die Unterseite gerade schneiden, damit die Schiffchen stehen können. Das restliche Fladenbrot anderweitig verwenden. Die Shrimps kurz abbrausen und mit Küchenpapier trockentupfen.

Die Zitronencreme

Die Crème fraîche mit dem Zitronensaft glatt rühren. Den Estragon waschen, trockentupfen und klein schneiden. Einige Blätter zum Dekorieren beiseite legen. Den klein geschnittenen Estragon zur Crème fraîche geben und verrühren. Die Shrimps hinzufügen und mit Salz und Pfeffer abschmecken.

Die Schiffchen

Die Shrimps auf den Fladenbrotschiffchen verteilen. Mit einigen Estragonblättchen garnieren.

Kochzeit 15 Minuten

Das übrige Fladenbrot können Sie nach Belieben für belegte Sandwiches verwenden oder zu einem Salat servieren.

15

Wan-Tans mit Shrimps

AUF APFEL-CURRY-RAGOUT

Nur diese 4 Zutaten kaufen:

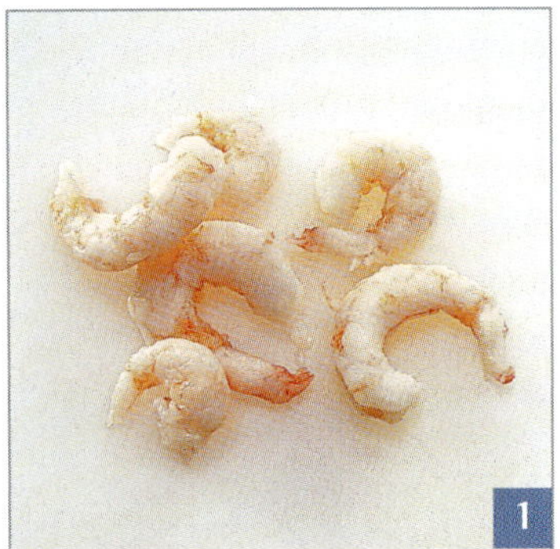

1

2

3

4

1 3 EL Shrimps (vorgegart)
2 8 kleine Wan-Tan-Teigblätter (TK)
3 2 Äpfel
4 1 TL Currypulver

Basisprodukte: 1 Ei, 2 Schnapsgläser Weißwein, 1 Schuss Gemüsebrühe sowie 1 EL Butter, Pfeffer, 1 1/2 Tassen Pflanzenöl

Zarte Shrimps umhüllt von knusprigem Teig – ein feiner Genuss! Dazu wird ein fruchtig-würziges Apfelragout serviert. Mit diesem edlen Snack machen Sie auf jeder Party Eindruck bei Ihren Gästen.

Wan-Tans zum Ersten

Die Shrimps kurz abbrausen und mit Küchenpapier trockentupfen. Die Wan-Tan-Blätter nebeneinander legen und auftauen lassen. Mit Eiweiß dünn bestreichen, die Shrimps in die Mitte geben und die 4 Teigecken nach oben ziehen und andrücken, sodass Täschchen entstehen.

Das Apfelragout

Die Äpfel schälen, entkernen und in Würfel schneiden. In einem kleinen Topf die Butter zerlassen und die Äpfel darin kurz andünsten. Den Curry darüber stäuben und etwa 10 Sekunden mitdünsten. Mit dem Weißwein und der Brühe ablöschen und etwas einkochen lassen. Mit Pfeffer abschmecken.

Wan-Tans zum Zweiten

Das Pflanzenöl in einem kleinen Topf erhitzen. Die Wan-Tans nach und nach im heißen Öl knusprig ausbacken und auf Küchenpapier abtropfen lassen. Das Apfel-Curry-Ragout auf Tellern verteilen und die Wan-Tans darauf setzen. Das Apfel-Curry-Ragout kann auch auf gebratenen dünnen Apfelscheiben angerichtet werden.

Kochzeit 15 Minuten

Sie können auch jeden anderen Fisch im Wan-Tan-Teig ausbacken. Darauf achten, dass er sofort serviert wird – sonst weicht der Teig durch.

15

Räucherlachspraline

AUF GLASIERTEN BIRNENSPALTEN

Nur diese 4 Zutaten kaufen:

1. 100 g geräucherter Lachs
2. 1 EL schwarze Sesamsamen
3. 1 große Birne
4. 1 kleines Stück frischer Meerrettich

Basisprodukte:
1/2 Zitrone, 1 Schnapsglas Weißwein sowie 1 EL Butter, 1/2 TL Zucker, Pfeffer

Sahnemeerrettich zu Räucherfisch kennt jeder. Leichter und moderner werden Fischgerichte jedoch mit fruchtiger Birne und frisch gehobeltem Meerrettich. Raffiniert ist die Präsentation von Räucherlachs als Praline.

Der Lachs

Den Lachs in feine Würfel schneiden, mit einigen Tropfen Zitronensaft marinieren und zu gleich großen Pralinen formen. In den Sesamsamen wälzen.

Die Birne

Die Birne schälen, vierteln, entkernen und in dünne Scheiben schneiden, in einer kleinen Pfanne mit der Butter schwenken. Den Zucker hinzufügen, leicht karamellisieren lassen, mit dem Weißwein ablöschen und etwas pfeffern. Den Meerrettich mit einem Sparschäler dünn abschälen. Zum Servieren die Birnenspalten auf Teller verteilen und jeweils 1 Lachspraline darauf setzen. Vom Meerrettich mit dem Sparschäler dünne Späne abschaben und das Gericht damit garnieren.

Kochzeit 15 Minuten

Statt der glasierten Birne können Sie auch Apfelspalten oder Orangenfilets verwenden. Junger gedünsteter Lauch passt ebenfalls sehr gut zur Lachspraline.

15

Gebackene Austern

AUF GURKEN-CARPACCIO

Nur diese 4 Zutaten kaufen:

1 1/2 Salatgurke
2 4 EL Naturjoghurt
3 8 frische geöffnete Austern
4 3 EL Paniermehl

Basisprodukte:
1/2 Zitrone, 1 Ei
sowie Salz, Pfeffer, 1 EL Mehl,
1 EL Butter

Bei Austern teilen sich die Meinungen. Die einen sind eingeschworene Fans, die anderen finden keinen großen Gefallen daran. Rohe Austern sind nicht jedermanns Sache, aber gebraten, mit knuspriger Hülle sind sie das »Chicken-Nugget« unter den Meeresfrüchten.

Gurke und Joghurt

Die Gurke schälen, in dünne Scheiben schneiden, leicht salzen und auf Tellern kreisförmig anordnen. Den Joghurt mit Salz, Pfeffer und 1 kräftigen Schuss Zitronensaft abschmecken.

Die Austern

Die Austern mit Küchenpapier trockentupfen, zuerst leicht in Mehl, dann im verquirlten Ei und in Paniermehl wenden. In einer kleinen Pfanne die Butter zerlassen und die Austern bei mittlerer Hitze langsam braten.

Das Carpaccio

Zum Anrichten die Joghurtsauce auf dem Gurken-Carpaccio verteilen, zum Schluss die gebackenen, warmen Austern dazugeben und sofort servieren.

Kochzeit
15
Minuten

Es gibt unterschiedliche Sorten von Austern: Die europäischen gelten als fein, die amerikanischen und pazifischen sind größer und nicht ganz so edel.

15

Zitronengrasspieße

MIT SCAMPI UND ANANASKOMPOTT

Nur diese 4 Zutaten kaufen:

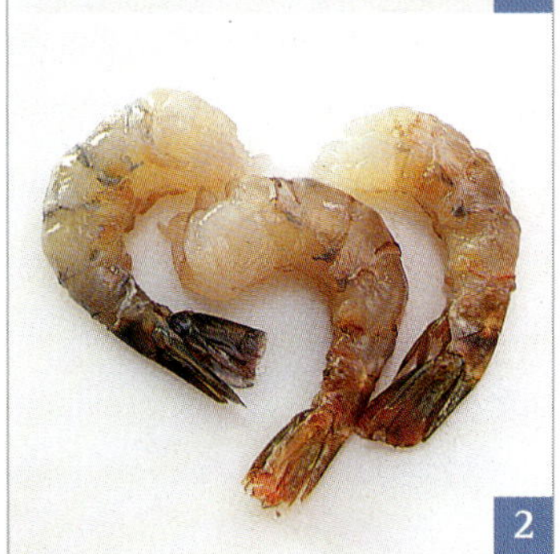

1 2 Stangen Zitronengras
2 4 Scampi (roh)
3 1 Baby-Ananas
4 1 EL Chilisauce

Basisprodukte:
2 EL Olivenöl, 1/2 Zwiebel
sowie Salz, Pfeffer

Die Kombination von Krustentier und Zitronengras stammt aus der asiatischen Küche. Entdecken Sie, wie gut das Zitronenaroma zu den Scampi passt. Optischen Genuss bieten die Zitronengrasstangen außerdem noch, wenn man sie als Spieße verwendet.

Die Spieße

Die äußeren Blätter vom Zitronengras entfernen, das Zitronengras der Länge nach halbieren. Von den Scampi die Schale und den Darm entfernen (siehe Einband). Jeweils 1 Scampo auf 1 Zitronengrasstange stecken (notfalls mit einem kleinen Messer etwas nachhelfen) und mit Salz und Pfeffer würzen. In einer mittelgroßen Pfanne das Öl erhitzen und die Spieße von beiden Seiten gut anbraten. Auf einen Teller oder ein Blech legen und im vorgeheizten Backofen bei 120 °C (Umluft 100 °C) 5 Minuten fertig garen.

Das Ananaskompott

Die Ananas schälen, halbieren, den Strunk herausschneiden und das Fruchtfleisch in gleich große Würfel schneiden. Die Zwiebel schälen und in feine Streifen schneiden. In die noch heiße Pfanne die Ananaswürfel sowie die Zwiebelstreifen geben (eventuell noch etwas Olivenöl hinzufügen) und bei mittlerer Hitze unter häufigem Rühren im eigenen Saft garen. Zum Schluss mit der Chilisauce abschmecken. Zum Anrichten das Ananaskompott in die Mitte der Teller geben, mit einigen Ananasblättern dekorieren, die Scampi-Spieße darauf legen. Nach Belieben noch etwas Chilisauce dazugeben.

Kochzeit 15 Minuten

Wenn Sie zur Ananas noch etwas Knoblauch, Ingwer und Koriander geben, erhält das Kompott eine exotische Note, die Ihre Gäste begeistern wird.

15

Rösti mit Kaviar

UND GURKEN-SCHNITTLAUCH-SAUCE

Nur diese 4 Zutaten kaufen:

1 1/2 Gurke
2 3 EL saure Sahne
3 1/2 Bund Schnittlauch
4 1 Döschen Lachskaviar

Basisprodukte:
2 Kartoffeln
sowie Salz, Pfeffer, 2 EL Pflanzenöl

Kaviar ist wohl das teuerste Fischprodukt. Für welche Sorte Sie sich entscheiden – es gibt gelben Forellen-, roten Lachs- oder den echten Störkaviar –, bleibt Ihrem Geldbeutel oder Anspruch überlassen. Nicht zu empfehlen ist aber schwarz gefärbter Kaviar vom Seehasen, auch Deutscher Kaviar genannt.

Die Sauce

Die Gurke schälen, in feine Würfel schneiden, mit der sauren Sahne vermischen. Den Schnittlauch waschen, trockentupfen und hacken. Einige Halme zum Dekorieren beiseite legen. Klein geschnittenen Schnittlauch zur Gurke geben und mit wenig Salz und Pfeffer abschmecken.

Die Rösti

Die Kartoffeln schälen, auf der groben Seite einer Reibe raspeln, salzen und pfeffern. Zu kleinen Rösti formen, in einer Pfanne im Öl von beiden Seiten kross braten und auf Küchenpapier abtropfen lassen.

Der Kaviar

Zum Anrichten die Gurken-Schnittlauch-Sauce auf die Rösti geben und mit Kaviar und Schnittlauchhalmen garnieren.

Kochzeit 15 Minuten

Die ideale Einstimmung für ein Candle-light-Dinner zu zweit. Mit Kerzenschein und Champagner steht einem gelungenen Abend nichts im Wege.

15

Fischstäbchen

MIT WARMEM KARTOFFELDIP

Nur diese 4 Zutaten kaufen:

1 1 junge Karotte
2 1/2 Bund Schnittlauch
3 10 Fischstäbchen
4 1 TL Sesamsamen

Basisprodukte:
2 Kartoffeln, 1 Tasse Sahne
sowie Salz, 2 EL Pflanzenöl, Pfeffer

Bei Kindern sind sie mittlerweile Kult – die Fischstäbchen. Aber auch Erwachsene werden begeistert sein, wenn sie feststellen, wie gut sich dieses Gericht als Fingerfood bei einer Stehparty eignet.

Kartoffeln und Karotte

Die Kartoffeln sowie die Karotte schälen, in kleine Würfel schneiden, beides in Salzwasser weich kochen, anschließend abgießen und abdampfen lassen. In der Zwischenzeit die Sahne einmal aufkochen. Den Schnittlauch waschen, trockentupfen und klein schneiden.

Der Fisch

Die Fischstäbchen von beiden Seiten in einer Pfanne im Öl knusprig braten und auf einem Blech im vorgeheizten Backofen bei 100 °C (Umluft 80 °C) warm halten.

Der Dip

Die Kartoffel-Karotten-Würfel und die Sahne mit dem Stabmixer zu einem cremigen Püree verarbeiten, mit Salz und Pfeffer abschmecken, zum Schluss mit Schnittlauch und Sesam würzen. Zum Anrichten die Fischstäbchen auf Holzspieße stecken und mit dem lauwarmen Dip servieren.

Kochzeit
15
Minuten

Sie können auch klein geschnittenes Ratatouille-Gemüse (z. B. Auberginen, Zucchini, Paprika, Tomaten) leicht sämig einkochen und als Dip dazu servieren.

15

Gratinierter Lachs

MIT RUCOLA UND ORANGE

Nur diese 4 Zutaten kaufen:

1 200 g Lachsfilet (ohne Haut)
2 2 Bund Rucola
3 2 Orangen
4 3 EL Ricotta

Basisprodukte:
2 Eier, 1 Schuss Sahne
sowie Salz, Pfeffer

Der gratinierte Lachs ist als ausgefallene Vorspeise ganz schnell zubereitet. Aber auch an heißen Tagen - serviert mit frischem Baguette - ist er ideal als leichter Hauptgang.

Lachs und Rucola

Den Lachs auf Gräten kontrollieren, falls nötig, entfernen. Lachs in 6 gleich dicke Scheiben schneiden und mit Salz und Pfeffer würzen. Den Rucola mit kaltem Wasser kurz abbrausen und die Stiele großzügig abschneiden. Welke Blätter entfernen.

Orangen und Ricotta

Die Orangen schälen, mit einem scharfen Messer die Filets herausschneiden, den Saft dabei auffangen. Die Schalen auspressen. Den Ricotta mit 2 Eigelb, Sahne und 2 EL Orangensaft glatt rühren, mit Salz und Pfeffer abschmecken.

Das Gratin

Zwei ofenfeste Teller mit Rucola auslegen, die Lachsscheiben und die Orangenfilets dekorativ darauf verteilen, die Ricottamasse gleichmäßig darüber geben. 5 bis 7 Minuten auf der obersten Schiene unter dem Backofengrill gratinieren. Sofort servieren.

Kochzeit 15 Minuten

Ein einfaches Gericht mit erstklassigen Zutaten, genau darin liegt seine Qualität. Genießen Sie dazu ein Glas gut gekühlten Riesling.

15

Krebsschwänze

MIT COCKTAILSAUCE UND KARTOFFELSPÄNEN

Nur diese 4 Zutaten kaufen:

1 1 Hand voll Krebsschwänze (in Lake)
2 4 EL Mayonnaise
3 2 EL Ketchup
4 1 Schnapsglas Cognac

Basisprodukte:
1 Kartoffel, 1/2 Zitrone
sowie 4 EL Pflanzenöl, Salz, Pfeffer

»Back to the roots« oder besser gesagt »Flusskrebs ganz klassisch« ist das Motto: Krebsschwänze mit Cocktailsauce sind unschlagbar. Vor allem der Schuss Cognac ist das Tüpfelchen auf dem i.

Die Kartoffelspäne

Die Kartoffel schälen und mit dem Sparschäler dünne, möglichst lange Späne abschälen. In kaltem Wasser gründlich waschen, auf ein Tuch legen und gut trockentupfen. In einer großen Pfanne das Pflanzenöl erhitzen und die Späne darin portionsweise kross braten. Auf Küchenpapier abtropfen lassen, salzen und pfeffern.

Krebsschwänze und Sauce

Die Krebsschwänze auf einem Sieb kurz abbrausen und auf Küchenpapier abtropfen lassen. Die Mayonnaise mit Ketchup, Cognac, 1 Spritzer Zitronensaft sowie Salz und Pfeffer würzig abschmecken. Zum Servieren die Krebse mit der Cocktailsauce vermischen, in tiefe Schälchen geben und mit den Kartoffelspänen anrichten.

Kochzeit 15 Minuten

Statt der Krebse können Sie auch halbierte, kurz angebratene Scampi nehmen und die Sauce mit etwas Estragon abrunden.

15

Blitz-Paella

MIT MUSCHELN UND SHRIMPS

Nur diese 4 Zutaten kaufen:

1 5 EL Schnellkochreis
2 1 Hand voll Miesmuscheln
3 1/2 Hand voll Shrimps (vorgegart)
4 1 Päckchen Safranfäden

Basisprodukte:
1/2 Zwiebel, 2 EL Olivenöl,
1 Glas Weißwein
sowie Salz, Pfeffer

Eine Paella in 30 Minuten und mehr zuzubereiten ist kein großes Problem. Mit diesem Rezept können Sie im Handumdrehen eine – zugegeben – fast so gute Paella in der halben Zeit herstellen. Gerade richtig für den großen Hunger und den schmalen Geldbeutel.

Der Reis

Den Schnellkochreis in kochendem Salzwasser 10 Minuten »al dente« kochen, anschließend abgießen und abdampfen lassen.

Muscheln und Shrimps

Die Miesmuscheln sehr gründlich unter fließendem Wasser abbürsten bzw. gut waschen, bereits geöffnete Exemplare aussortieren. Die Shrimps kurz abbrausen und in einem Sieb abtropfen lassen. Die Zwiebel schälen und in feine Würfel schneiden. Das Olivenöl in einem mittelgroßen Topf erhitzen, die Zwiebeln sowie die abgetropften Muscheln hinzufügen, kurz andünsten, mit Salz und Pfeffer würzen. Safranfäden und Weißwein dazugeben und 2 Minuten zugedeckt köcheln lassen, anschließend noch 3 Minuten ohne Deckel. Die Muscheln sind fertig, wenn sie sich geöffnet haben. Nicht geöffnete aussortieren.

Die Paella

Die Muscheln aus den Schalen lösen, einige zum Garnieren in den Schalen belassen. Den Reis und die Shrimps hinzufügen, gut durchrühren und mit Salz und Pfeffer nachwürzen, nochmals kurz aufkochen und servieren.

Kochzeit 15 Minuten

Wer noch Knoblauch dazugibt, braucht damit nicht zu sparen. Das gibt dem Ganzen Extra-Würze. Auch Kräuter wie Thymian passen gut zur Paella.

15

Kartoffel-Matjes-Lasagne

MIT SAURER SAHNE UND KERBEL

Nur diese 4 Zutaten kaufen:

1 1/2 Kopf gelber Friséesalat
2 6 Matjesfilets
3 3 EL saure Sahne
4 1/2 Bund Kerbel

Basisprodukte:
1/2 Zitrone, 1 große Kartoffel
sowie Salz, Pfeffer, 2 EL Pflanzenöl

Matjesfilet in Verbindung mit knuspriger Kartoffel, das ist zwar ungewöhnlich, wird aber zu einem ganz neuen Gaumenerlebnis. Dazu wird das Ganze als Lasagne auch optisch anspruchsvoll präsentiert.

Der Salat

Vom Friséesalat sehr großzügig die äußeren Blätter entfernen und möglichst nur die schönen gelben Blätter nehmen. Diese kurz in lauwarmes Wasser legen (das zieht die Bitterstoffe heraus), danach 2 Minuten in kaltes Wasser geben, dadurch wird der Salat wieder schön knackig.

Matjes und saure Sahne

Die Matjes halbieren und, falls nötig, etwas trockentupfen. Die saure Sahne mit Salz und Pfeffer sowie etwas Zitronensaft verrühren. Den Kerbel waschen und trockentupfen. Die Blättchen abzupfen.

Die Kartoffel

Die Kartoffel schälen und mit einem Gemüsehobel oder einem scharfen Messer in möglichst dünne Scheiben schneiden (pro Person 4 bis 5 Stück). Die Kartoffelscheiben in einer großen Pfanne im Pflanzenöl von beiden Seiten kross braten.

Die Lasagne

Zum Anrichten abwechselnd Kartoffelscheiben, Matjes, saure Sahne, Frisée- und Kerbelblätter zu 2 Portionen Lasagne aufeinander schichten.

Kochzeit 15 Minuten

Statt mit Matjes und saurer Sahne kann man die Lasagne auch mit Krebsschwänzen und Cocktailsauce (siehe S. 38) zubereiten.

15

Lauwarmer Nudelsalat

MIT MEERESFRÜCHTEN

Nur diese 4 Zutaten kaufen:

1

2

3

4

1 1 große Hand voll Tagliatelle
2 1 kleines Glas Meeresfrüchte (in Lake)
3 Chili-Öl nach Geschmack
4 4 Zweige Koriander

Basisprodukte:
2 Schapsgläser Gemüsebrühe, 1 Schuss Balsamico-Essig, 2 EL Olivenöl sowie Salz

Dieser Nudelsalat kann es in sich haben: Je nachdem, wie scharf Sie ihn haben wollen, würzen Sie den Nudelsalat mit mehr oder weniger Chili-Öl. Die Dosierung liegt ganz in Ihrer Hand.

Die Nudeln

Die Nudeln in kochendem Salzwasser »al dente« garen, in ein Sieb gießen und mit kaltem Wasser abschrecken.

Die Meeresfrüchte

Die Meeresfrüchte auf ein Sieb geben und kurz abbrausen, auf Küchenpapier abtropfen lassen.

Der Salat

In einem Topf die Brühe mit dem Balsamico-Essig und dem Olivenöl erhitzen, die Nudeln dazugeben und mit dem Chili-Öl abschmecken. Die Korianderblätter waschen, trockentupfen und mit den Meeresfrüchten zum Salat geben. Lauwarm servieren.

Kochzeit 15 Minuten

Ausgesprochen lecker wird dieses Gericht auch mit klein geschnittenem, frisch gebratenem Tintenfisch statt mit dem Meeresfrüchtemix.

15

Dorade royale

IM TOMATEN-SAFRAN-SUD

Nur diese 4 Zutaten kaufen:

1. 2 Filets Dorade royale (küchenfertig)
2. 4 Strauchtomaten
3. 1 kleines Päckchen Safranfäden
4. 6 Scheiben Ciabatta-Brot

Basisprodukte:
4 EL Olivenöl, 1/2 Glas Weißwein,
1/2 Glas Gemüsebrühe
sowie Salz, Pfeffer

Die Dorade royale oder Goldbrasse ist die Königin der Brassen. Mit ihrem festen, weißen, sehr schmackhaften und grätenarmen Fleisch gehört sie bei Feinschmeckern zu den beliebtesten Fischen. In der französischen und italienischen Küche finden sich auch häufig die Dorade rose (rosa Meerbrasse) und die Dorade gris (Streifenbrasse).

Die Dorade

Die Doradenfilets, falls nötig, von Gräten befreien, halbieren und mit Salz und Pfeffer würzen.

Tomaten-Safran-Sud

Die Tomaten waschen, vierteln, Kerngehäuse und Stielansatz entfernen und das Fruchtfleisch nochmals halbieren. In einem Topf 2 EL Olivenöl erhitzen, die Tomaten, Safranfäden und den Weißwein hinzufügen und etwa 1 Minute köcheln lassen. Die Brühe sowie Salz und Pfeffer dazugeben, aufkochen und die gewürzten Fischfiletstücke mit der Haut nach oben in den Sud geben. Einen Deckel darauf setzen, vom Herd nehmen und etwa 5 Minuten ziehen lassen.

Das Brot

Das Ciabatta-Brot in einer Pfanne mit 2 EL Olivenöl von beiden Seiten braten. Den Sud erneut aufkochen und, falls nötig, nachwürzen. Auf Tellern verteilen, die Doradenfilets darauf anrichten und sofort mit den gerösteten Brotscheiben servieren.

Kochzeit 15 Minuten

Oliven, Knoblauch sowie Basilikum geben diesem Gericht zusätzlichen Pfiff. Gekochte Tagliatelle eignen sich ebenfalls als Beilage.

15

Schollenfilet

MIT WOK-GEMÜSE

Nur diese 4 Zutaten kaufen:

1 2 doppelte Schollenfilets (ohne Haut)
2 1/2 Hand voll Zuckerschoten
3 2 junge Karotten
4 1 EL Miso-Paste

Basisprodukte:
1 1/2 Tassen Gemüsebrühe
sowie Salz, Pfeffer, 1 EL Pflanzenöl

Der vielseitige Wok ist nicht nur Ausdruck dafür, wie Speisen schonend zubereitet werden, sondern in Asien fast schon eine Lebenseinstellung. Wenn Sie keinen Wok besitzen, können Sie das Gericht auch in einer Pfanne zubereiten.

Die Schollenfilets

Die Schollenfilets kurz abbrausen und mit Küchenpapier trockentupfen. Halbieren und in mehrere gleich große Stücke schneiden und mit Salz und Pfeffer würzen. Die Schollenfilets in einer großen Pfanne mit dem Pflanzenöl bei mittlerer Hitze anbraten, auf einen Teller legen und beiseite stellen.

Das Gemüse

Die Zuckerschoten putzen und waschen, die Karotten ebenfalls putzen und der Länge nach mit einem Sparschäler Streifen abziehen. Das Gemüse in die Pfanne geben und etwa 2 Minuten unter häufigem Rühren braten. Mit der Brühe ablöschen und die Miso-Paste unterrühren, mit Salz und Pfeffer abschmecken. Die Schollenfilets auf das Gemüse setzen, im Gemüsedampf nochmals kurz erwärmen und sofort servieren.

Kochzeit
15
Minuten

Miso-Paste ist ein Grundbestandteil der japanischen Küche. Die eiweißhaltige Paste wird aus Sojabohnen hergestellt. Sie ist in Asienläden erhältlich.

15

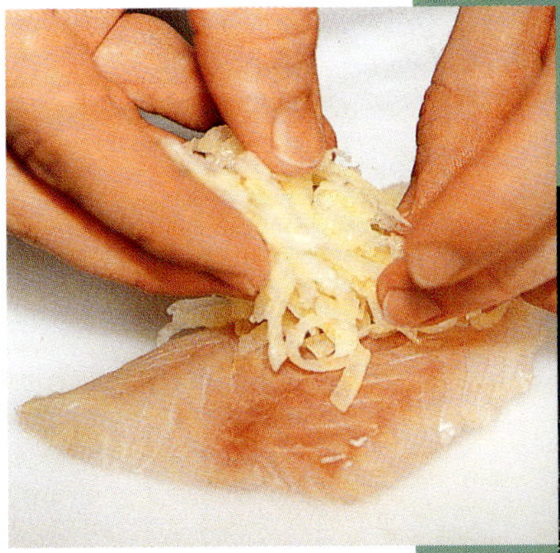

Kochzeit 20 Minuten

Rucolacremesuppe

MIT GEBACKENER SEEZUNGENROULADE

Nur diese 4 Zutaten kaufen:

1 8 kleine Seezungenfilets
2 4 EL Paniermehl
3 2 EL Pinienkerne
4 2 Bund Rucola

Basisprodukte: 1 Zwiebel, 1 Schuss Weißwein, 2 Tassen Gemüsebrühe, 2 Tassen Sahne, 1 Ei sowie 4 EL Butter, Salz, Pfeffer, 3 EL Mehl

Seezunge als frisches Filet ist eine besondere Delikatesse. Aber nur, wenn sie von einwandfreier Qualität ist. Deshalb am besten bei einem guten Fischhändler einkaufen und auf absolute Frische achten.

Die Suppe zum Ersten

Die Zwiebel schälen, in feine Würfel schneiden und in einem Topf mit 1 EL Butter kurz andünsten. Mit 1 großen Schuss Weißwein ablöschen, Gemüsebrühe und Sahne hinzufügen und etwas einköcheln lassen.

Die Seezunge

Die Seezungenfilets mit Salz und Pfeffer würzen, aufrollen (siehe Einband), mit etwas Mehl bestäuben, durch das verquirlte Ei ziehen und im Paniermehl wenden. Anschließend in einer Pfanne bei mittlerer Hitze mit 2 EL Butter von allen Seiten knusprig braun braten, auf Küchenpapier abtropfen lassen.

Vor dem Servieren 4 Minuten im vorgeheizten Backofen bei 120 °C (Umluft 100 °C) erhitzen. Das Bratfett aus der Pfanne abgießen, darin mit 1 EL Butter die Pinienkerne kurz anbraten und ebenfalls auf Küchenpapier abtropfen lassen.

Die Suppe zum Zweiten

Den Rucola kurz abbrausen und auf welke Blätter kontrollieren, die Stiele großzügig abschneiden und die Blätter in die heiße Suppe geben. Mit dem Stabmixer fein pürieren, mit Salz und Pfeffer abschmecken. Auf zwei tiefe Teller verteilen, die gebackenen Rouladen und die Pinienkerne dazugeben.

Kochzeit 20 Minuten

Diese Cremesuppe schmeckt statt mit Rucola auch hervorragend mit frischem Spinat, Petersilie oder Basilikum.

20

Verrückter Krebssalat

MIT AVOCADO UND TORTILLA-CHIPS

Nur diese 4 Zutaten kaufen:

1 1 Hand voll Krebsschwänze (in Lake)
2 1 reife Avocado
3 1 EL Chilisauce
4 1 kleine Packung Tortilla-Chips

Basisprodukte:
2 EL Balsamico-Essig, 1/2 Tasse Gemüsebrühe, 4 EL Olivenöl, 1/2 Zitrone sowie Salz, Pfeffer

Dieser Krebssalat ist schon allein durch die Verbindung der Aromen bemerkenswert. Richtig interessant wird er aber durch seine Präsentation. Ungeübte sollten für die Vollendung unbedingt mindestens 5 Minuten einplanen.

Die Krebsschwänze

Die Krebsschwänze auf ein Sieb geben, kurz abbrausen und mit dem Balsamico-Essig, der Brühe und 2 EL Olivenöl marinieren.

Die Avocado

Die Avocado schälen, halbieren, den Kern entfernen und das Fruchtfleisch in möglichst dünne Scheiben schneiden. Mit Zitronensaft, Salz, Pfeffer und 2 EL Olivenöl marinieren.

Der Salat

Die Chilisauce mit etwas Krebsmarinade glatt rühren. Zum Anrichten etwas von der Chilisauce auf 1 Tortilla-Chip geben, darauf 1 Avocadoscheibe und 1 Krebsschwanz legen und mit 1 Tortilla-Chip abschließen. So fortfahren, bis drei Lagen entstanden sind.

Kochzeit
20
Minuten

Statt mit Krebsschwänzen kann der Salat auch mit gebratenen Scampi oder gebeiztem Lachs zubereitet werden.

Meeresfrüchte-Wraps

MIT ANANAS UND FRISÉESALAT

Nur diese 4 Zutaten kaufen:

1. 6 EL Meeresfrüchte (in Lake)
2. 1 Baby-Ananas
3. 3 EL Crème fraîche
4. 1 kleiner Kopf Friséesalat

Basisprodukte: 100 g Sahne, 1 Schuss Weißwein, 1 Schuss Gemüsebrühe, 2 Eier, 3 EL Olivenöl, 1/2 Zitrone sowie Salz, Pfeffer, 160 g Mehl

Wraps werden original mit hauchdünnen Tortilla-Pfannkuchen gerollt, die man auch fertig kaufen kann. Selbst gemachte Pfannkuchen sind aber natürlich unübertroffen und den Fertigprodukten vorzuziehen.

Die Pfannkuchen

Für den Teig Sahne, Weißwein und Brühe verrühren und so viel kaltes Wasser dazugeben, bis die Menge 200 ml ergibt. Die Eier, Salz, Pfeffer und das gesiebte Mehl darunter rühren. Eine große Pfanne (30 cm Durchmesser) nicht zu stark erhitzen, etwas Olivenöl hineingeben und unter Schwenken der Pfanne so viel Teig langsam hineingießen, bis der Pfannenboden gleichmäßig und dünn mit Teig bedeckt ist. Bei mittlerer Hitze den Pfannkuchen von beiden Seiten bräunen, auf Küchenpapier abtropfen lassen und noch 2 weitere Pfannkuchen backen.

Die Füllung

Die Meeresfrüchte auf ein Sieb gießen und kurz abbrausen. Die Ananas schälen, in nicht zu feine Würfel schneiden, mit den Meeresfrüchten mischen und mit Salz, Pfeffer und etwas Zitronensaft abschmecken. Die Crème fraîche hineingeben und gut verrühren. Vom Friséesalat die gelben Blätter abzupfen, in kaltem Wasser kurz waschen und trockenschütteln.

Die Wraps

Die Pfannkuchen ausbreiten, die Meeresfrüchte-Ananas-Füllung gleichmäßig darauf verteilen. Großzügig mit Friséeblättern belegen, die Seiten 3 cm einschlagen und die Pfannkuchen zusammenrollen. Mit einem scharfen Messer schräg durchschneiden.

Kochzeit 20 Minuten

Sie können in den Teig noch etwas Tomatenmark, Knoblauch, Kräuter nach Wahl und Cayennepfeffer geben.

20

Kartoffelsuppe

MIT GERÄUCHERTER FORELLE

Nur diese 4 Zutaten kaufen:

1

2

3

4

1 etwa 6 Pumpernickeltaler
2 1/2 Bund Schnittlauch
3 1 geräuchertes Forellenfilet
4 3 EL Sahnemeerrettich

Basisprodukte: 3 Kartoffeln, 1/2 Zwiebel, 1 Schuss Weißwein, 5 Tassen Gemüsebrühe, 2 Tassen Sahne sowie 2 EL Butter, Salz, Pfeffer

Der deutschen Kochkunst haftet immer noch ein wenig das Etikett »Hausmannskost« an. Zu Unrecht, wie dieses Rezept zeigt. Mit ein wenig Raffinesse wird aus der beliebten Kartoffelsuppe eine feine Delikatesse.

Die Suppe zum Ersten

Die Kartoffeln schälen und auf einer großen Reibe raspeln. Die Zwiebel schälen, in feine Streifen schneiden, in einem Topf mit etwas Butter andünsten, mit dem Weißwein ablöschen. Die Kartoffelraspel hinzufügen, mit der Brühe auffüllen und zugedeckt 10 Minuten leicht köcheln.

Die Einlage

In der Zwischenzeit die Pumpernickeltaler in Würfel schneiden und in einer Pfanne mit der restlichen Butter knusprig braten, auf Küchenpapier abtropfen lassen. Den Schnittlauch waschen, trockentupfen und in grobe Stücke schneiden. Das Forellenfilet zerteilen. Die Sahne mit dem Handrührgerät schaumig aufschlagen und kalt stellen.

Die Suppe zum Zweiten

Die Suppe mit dem Stabmixer fein pürieren, 2 EL Sahnemeerrettich sowie die geschlagene Sahne unterrühren, aufkochen und mit Salz und Pfeffer abschmecken. Auf tiefe Teller verteilen, mit Pumpernickel, Schnittlauch und der Forelle bestreuen und noch 1 Klecks Sahnemeerrettich dazugeben.

Kochzeit 20 Minuten

Noch edler wird die Suppe mit geräuchertem Lachs und Weißbrotcroûtons, für besondere Gäste kann es auch Kaviar sein.

20

Scampi in Champignons

MIT SPAGHETTI UND PETERSILIENSAUCE

Nur diese 4 Zutaten kaufen:

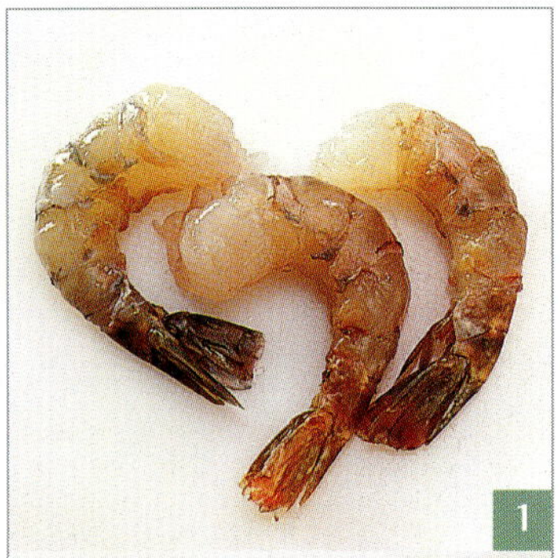

1. 6 Scampi (roh)
2. 6 mittelgroße Champignons
3. 1 große Hand voll Spaghetti
4. 1/2 Bund glatte Petersilie

Basisprodukte: 1/2 Zitrone, 2 EL Olivenöl, 1/2 Zwiebel, 1 Schuss Weißwein, 1 Tasse Gemüsebrühe, 1 Tasse Sahne sowie Salz, Pfeffer, 1/2 EL Butter

Scampi und Nudeln sind immer ein Hochgenuss. Hier werden die Scampi außerdem noch in Champignons gebraten. Dazu gibt es eine würzige Sauce aus Petersilie, die viel zu häufig ein Schattendasein führt.

Scampi und Champignons

Reichlich Wasser für die Spaghetti zum Kochen bringen und salzen. Die Scampi schälen und den Darm entfernen (siehe Einband). Die Scampi in Würfel schneiden, mit Salz und Pfeffer und etwas Zitronensaft marinieren. Die Champignons putzen und vorsichtig den Stiel aus den Pilzköpfen drehen. Falls die Lamellen nicht mehr fest und ganz frisch sein sollten, mit einem kleinen Löffel heraustrennen. Die Scampimasse in die Champignons füllen. In einer ofenfesten Pfanne im Olivenöl zunächst von der Scampiseite anbraten, wenden und im vorgeheizten Backofen bei 160 °C (Umluft 140 °C) etwa 7 Minuten fertig garen.

Spaghetti und Sauce

Die Spaghetti ins kochende Wasser geben und nach Packungsanweisung »al dente« garen. In der Zwischenzeit die Zwiebel schälen und in Würfel schneiden und in einem Topf mit der Butter kurz andünsten. Mit dem Weißwein ablöschen, Gemüsebrühe und Sahne hinzufügen und alles leicht sämig einköcheln. Die Petersilie kurz abbrausen, die Blätter von den Stielen zupfen, zu der Sauce geben. Die Sauce einmal aufkochen, mit dem Stabmixer kurz pürieren und mit Salz und Pfeffer und etwas Zitronensaft abschmecken. Zum Anrichten die Spaghetti auf Teller verteilen, mit der Sauce übergießen, die Scampi-Champignons darauf setzen und nach Belieben mit Petersilienblättern dekorieren.

Kochzeit 20 Minuten

Scampi, Champignons und Petersilie vertragen sich auch gut mit Knoblauch – sparen Sie deshalb nicht damit.

20

Heilbutt-Bolognese

AUF FARFALLE MIT PARMESAN

Nur diese 4 Zutaten kaufen:

1

2

3

4

1 2 Hand voll Farfalle
2 4 vollreife Strauchtomaten
3 100 g Heilbuttfilet
4 1 kleines Stück Parmesan

Basisprodukte:
1 Zwiebel, 3 EL Olivenöl,
1 Tasse Gemüsebrühe
sowie Salz, Pfeffer, 1 TL Stärke

Unter Bolognese versteht man gewöhnlich Tomaten-Fleisch-Sauce zu Spaghetti. Da Tomaten – durch ihre angenehme Säure – und Fisch hervorragend harmonieren, wird hier die Bolognese ausnahmsweise einmal mit Heilbutt zubereitet.

Die Nudeln

Wasser für die Farfalle zum Kochen bringen und salzen. Die Nudeln darin nach Packungsanweisung »al dente« garen.

Die Tomaten

Die Zwiebel schälen und in möglichst feine Würfel schneiden. Die Tomaten waschen, vierteln, Stielansatz und Kerngehäuse entfernen und das Fruchtfleisch in kleine Würfel schneiden. Das Olivenöl in einem kleinen Topf erhitzen, die Zwiebelwürfel darin glasig dünsten, die Tomaten dazugeben, mit Salz und Pfeffer würzen und zunächst zugedeckt 3 Minuten köcheln lassen, anschließend den Deckel entfernen, die Gemüsebrühe hinzufügen und noch etwas einkochen lassen.

Die Bolognese

In der Zwischenzeit den Heilbutt in sehr feine Würfel schneiden, mit Salz und Pfeffer würzen und in die kochende Tomatensauce geben, gut unterrühren, den Topf vom Herd nehmen und die Sauce 3 Minuten ziehen lassen. Erneut abschmecken, aufkochen und, falls nötig, mit etwas Stärke binden. Den Parmesan in Späne hobeln. Die Bolognese auf die Farfalle geben und mit Parmesanspänen garnieren.

Kochzeit
20
Minuten

Statt Heilbutt können Sie auch Scampi nehmen sowie zusätzlich noch Knoblauch und Basilikum zur Sauce geben.

20

Estragon-Pizza

MIT LACHS UND GRAPEFRUIT

Nur diese 4 Zutaten kaufen:

1 1 Packung Pizzateig
2 1 Bund Estragon
3 1 Grapefruit
4 200 g frisches Lachsfilet (ohne Haut)

Basisprodukte:
4 EL Olivenöl
sowie Salz, Pfeffer

Feiner Lachs, würziger Estragon und säuerlich herbe Grapefruit auf knusprigem Pizzateig – eine auf den ersten Blick ungewöhnliche Kombination. Das Ergebnis spricht jedoch für sich selbst.

Die Pizza

Den Backofen auf 230 °C (Umluft 210 °C) vorheizen. Den Pizzateig zu zwei runden Pizzen ausrollen, auf ein mit Backpapier ausgelegtes Backblech legen und zunächst 8 Minuten im Ofen vorbacken. In der Zwischenzeit den Estragon waschen, trockentupfen und sehr fein hacken. Etwas Salz und Pfeffer dazugeben und mit dem Olivenöl glatt rühren. Das Würzöl gleichmäßig und hauchdünn auf die Pizzen streichen. Die Pizzen im Ofen nochmals 3 Minuten backen und bei Zimmertemperatur abkühlen lassen.

Der Belag

Die Grapefruit mit einem Messer schälen und die Filets herausschneiden. Den Lachs in sehr dünne Scheiben schneiden (siehe Einband) und mit Salz und Pfeffer leicht würzen. Den Lachs mit den Grapefruitfilets auf den warmen Pizzen verteilen. Die Pizzen nochmals für 2 Minuten in den Ofen geben und danach sofort servieren.

Kochzeit 20 Minuten

Statt Grapefruit sind auch Tomatenscheiben eine gute Alternative. Estragon lässt sich durch frisches Basilikum ersetzen.

20

Frühlingsrollen

MIT LACHS UND LAUCH

Nur diese 4 Zutaten kaufen:

1

2

3

4

- 1 2 kleine Stangen Lauch
- 2 250 g frisches Lachsfilet (ohne Haut)
- 3 8 große Blätter Frühlingsrollenteig (TK)
- 4 1 kleine Flasche Sojasauce

sowie Salz, Pfeffer, 1 TL Stärke, 100 ml Pflanzenöl

Asiatische Frühlingsrollen sind häufig mit Sprossen gefüllt, aber auch mit einer Fischfüllung schmecken sie hervorragend. Dieses Gericht eignet sich sehr gut als Fingerfood zum Aperitif oder als Snack zu einem Glas Wein.

Der Lauch

Reichlich Wasser in einem Topf zum Kochen bringen und salzen. Vom Lauch die Wurzeln sowie den größten Teil der grünen Blätter abschneiden. Den Lauch in Ringe schneiden, in reichlich Wasser gründlich waschen und auf einem Sieb abtropfen lassen. Den Lauch im kochenden Wasser 30 Sekunden blanchieren. In kaltem Wasser oder Eiswasser abschrecken, durch ein Sieb gießen und auf Küchenpapier abtropfen lassen.

Der Lachs

Eventuell vorhandene Gräten vom Lachs entfernen (siehe Einband) und den Lachs in fingerdicke Stücke schneiden, mit dem Lauch vermischen und mit Salz und Pfeffer leicht würzen.

Die Frühlingsrollen

Die Frühlingsrollenblätter ausbreiten und auftauen lassen. Die Lauch-Lachs-Mischung so auf dem Teig verteilen, dass links und rechts 2 cm frei bleiben. Die Seiten einschlagen und die Röllchen möglichst straff zusammenrollen. Die Stärke mit etwas Wasser glatt rühren, die letzten 2 cm vom Teig mit der Stärke bestreichen und den Teig daran festdrücken, damit die Frühlingsrollen beim Backen nicht aufklappen. In einer Pfanne das Öl 3 cm hoch einfüllen und erhitzen, die Teigrollen darin zuerst mit der Naht nach unten, dann rundherum goldbraun braten und auf Küchenpapier abtropfen lassen. Zum Servieren die Frühlingsrollen auf Teller verteilen, nach Belieben mit etwas frittiertem Lauch dekorieren und die Sojasauce dazu reichen.

Kochzeit
20
Minuten

Noch intensiver im Geschmack werden die Frühlingsrollen, wenn Sie die Füllung mit Sesam, Curry und Apfelwürfeln würzen und die Röllchen in Erdnussöl frittieren.

20

Thunfisch-Wraps

MIT EISBERGSALAT UND PAPRIKA

Nur diese 4 Zutaten kaufen:

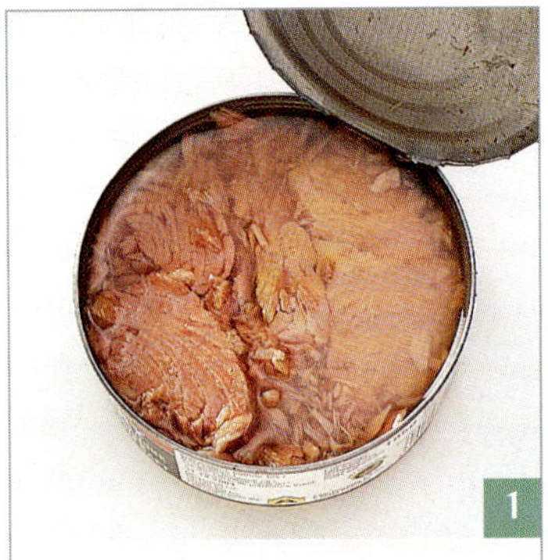

1. 1 kleine Dose Thunfisch
2. 1 rote Paprikaschote
3. 1/2 Kopf Eisbergsalat
4. 4 Basilikumstiele

Basisprodukte: 100 g Sahne, je 1 Schuss Weißwein und Brühe, 2 Eier, 5 EL Olivenöl, 2 EL Balsamico-Essig, 1/2 Zitrone sowie Salz, Pfeffer, 160 g Mehl

Wraps heißen die Teighüllen, die je nach Geschmack gefüllt werden können: Sie sind der Renner in Kalifornien. Hier werden die Pfannkuchen selbst gemacht – das geht ganz schnell – und mit Thunfisch, frischem Salat und Paprika gefüllt.

Die Pfannkuchen

Für den Teig Sahne, Weißwein und Brühe verrühren und so viel kaltes Wasser dazugeben, bis die Menge 200 ml ergibt. Die Eier, Salz, Pfeffer und das gesiebte Mehl darunter rühren. Eine große Pfanne (30 cm Durchmesser) nicht zu stark erhitzen, etwas Olivenöl hineingeben und unter Schwenken der Pfanne so viel Teig langsam hineingießen, bis der Pfannenboden gleichmäßig und dünn mit Teig bedeckt ist. Bei mittlerer Hitze den Pfannkuchen von beiden Seiten bräunen, auf Küchenpapier abtropfen lassen. Mit dem restlichen Teig ebenso verfahren.

Die Füllung

Den Thunfisch abtropfen lassen. Von der Paprika die Haut mit einem Sparschäler abziehen, Paprika halbieren, Kerne und Stielansatz entfernen und das Fruchtfleisch in feine Streifen schneiden. Den Eisbergsalat ebenfalls in feine Streifen schneiden und kurz waschen. Den Thunfisch mit einer Gabel in einer Schüssel möglichst fein zerdrücken, die Paprikastreifen, den Salat, jeweils 2 EL Balsamico-Essig und Olivenöl hinzufügen und alles mit Salz, Pfeffer und etwas Zitronensaft abschmecken.

Die Wraps

Die Pfannkuchen ausbreiten. Basilikum waschen, trockentupfen und von den Stielen zupfen. Die Pfannkuchen damit belegen, die Thunfischfüllung gleichmäßig darauf verteilen und bis zum Rand verstreichen. Vom Rand je 3 cm einschlagen, die Pfannkuchen aufrollen und mit einem scharfen Messer schräg halbieren.

Kochzeit 20 Minuten

Einige in Würfel geschnittene getrocknete Tomaten und hauchdünne Artischockenstreifen sind eine Alternative zu Paprika.

20

Thunfisch-Ravioli

AUF TOMATEN-CARPACCIO

Nur diese 4 Zutaten kaufen:

1

2

3

4

1 4 Strauchtomaten
2 1/2 Bund Basilikum
3 100 g frisches Thunfischfilet
4 4 mittelgroße Wan-Tan-Blätter (TK)

Basisprodukte: 1 EL Balsamico-Essig, 3 EL Olivenöl, 1/2 Zitrone sowie Salz, Pfeffer, 1 TL Stärke, 4 EL Pflanzenöl

Thunfisch ist eine geschmackliche Ausnahme unter den Fischen. Sein Aroma erinnert mehr an Kalbfleisch als an einen Meeresbewohner. Mit diesem Gericht wird der edle Fisch besonders raffiniert in Szene gesetzt.

Tomaten und Basilikum

Die Tomaten waschen, in dünne Scheiben schneiden, auf einem Blech ausbreiten, mit Salz und Pfeffer würzen und mit dem Balsamico-Essig beträufeln. Basilikum von den Stielen zupfen, waschen, trockentupfen und mit dem Olivenöl mit dem Stabmixer pürieren, leicht mit Salz würzen.

Die Ravioli

Den Thunfisch in feine Würfel schneiden, mit Salz und Pfeffer und etwas Zitronensaft würzen. Die aufgetauten Wan-Tan-Blätter ausbreiten. Die Stärke mit etwas Wasser glatt rühren und die Wan-Tan-Blätter damit bestreichen. Den Thunfisch in die Mitte der Teigblätter setzen. Teigblätter zusammenschlagen, die Kanten gut andrücken und die Ravioli in einer Pfanne im Pflanzenöl braten, auf Küchenpapier abtropfen lassen.

Das Carpaccio

Zum Anrichten die marinierten Tomatenscheiben fächerartig auf Teller legen, falls nötig, mit Salz und Pfeffer nachwürzen, mit dem Basilikumöl beträufeln und die Ravioli darauf setzen.

Kochzeit
20
Minuten

Statt Basilikum und Olivenöl können Sie auch frischen Koriander und Sesamöl verwenden.

20

Pochierter Kabeljau

IM WURZELSUD

Nur diese 4 Zutaten kaufen:

1 1/2 EL Senfkörner
2 2 kleine Karotten
3 3 Stangen Staudensellerie
4 2 Kabeljaufilets (à 150 g)

Basisprodukte:
1/2 Zwiebel, 2 Gläser Weißwein,
3 Tassen Gemüsebrühe
sowie Salz, Pfeffer

Fisch im Sud gegart bekommt nicht nur ein wunderbares Aroma, sondern ist auch einfach in der Zubereitung. Hier kommt er klassisch daher, aber die Variationsmöglichkeiten sind enorm: ob mediterran mit Tomate, Fenchel und Safran oder asiatisch mit Zitronengras, Curry und Chinakohl.

Der Sud

Die Zwiebel schälen, in feine Würfel schneiden, mit den Senfkörnern und dem Weißwein in einem kleinen Topf etwa 2 Minuten köcheln lassen. Durch ein Sieb gießen, die Gemüsebrühe sowie einige Senfkörner aus dem Sud dazugeben, alles erneut aufkochen und mit Salz und Pfeffer abschmecken.

Das Gemüse

Die Karotten schälen, in feine Streifen oder dünne Scheiben schneiden. Den Staudensellerie putzen, waschen und in schräge Stücke schneiden. Die Sellerieblätter beiseite legen. Das Wurzelgemüse in den Sud geben und zugedeckt etwa 5 Minuten weich köcheln.

Der Fisch

In der Zwischenzeit den Fisch in 6 gleich große Stücke schneiden, salzen und pfeffern und etwa 4 Minuten im heißen, nicht mehr kochenden Sud ziehen lassen. Der Fisch muss mit Sud bedeckt sein. Den Kabeljau mit dem Sud in eine Terrine füllen und mit den Sellerieblättern garniert servieren.

Kochzeit
20
Minuten

Salzkartoffeln oder einfach etwas frisches Brot dazu servieren. Auch frisch geriebener Meerrettich ist eine passende Ergänzung.

20

Sesamkartoffeln

MIT RÄUCHERLACHS UND CRÈME FRAÎCHE

Nur diese 4 Zutaten kaufen:

1

2

3

4

1 2 EL Sesamsamen
2 1 Bund Brunnenkresse
3 2 EL Crème fraîche
4 200 g geräucherter Lachs (in Scheiben)

Basisprodukte:
3 Kartoffeln, 1 Ei, 1 EL Olivenöl,
1/2 Zitrone
sowie Salz, Pfeffer

Dass geräucherter Lachs und Kartoffeln gut zusammenpassen, beweisen traditionelle Gerichte wie Lachs auf Rösti oder mit Folienkartoffel. Dieser Klassiker erhält durch Sesamsamen eine besondere Geschmacksnote.

Die Kartoffeln

Die Kartoffeln schälen und in leicht gesalzenem Wasser etwa 12 Minuten weich kochen, abgießen, 2 Minuten abdampfen lassen und halbieren. Die Schnittflächen der Kartoffeln mit etwas Eigelb bestreichen, mit Sesamsamen reichlich bestreuen, etwas andrücken und auf der Sesamseite in einer Pfanne mit Olivenöl leicht braun braten.

Creme und Lachs

Von der Brunnenkresse die Blätter abzupfen, in kaltem Wasser gründlich waschen und gut abtropfen lassen. Die Crème fraîche mit etwas Zitronensaft, Salz und Pfeffer glatt rühren bzw. abschmecken. Zum Anrichten die Sesamkartoffeln auf Teller verteilen, den Lachs dekorativ dazulegen, mit Crème fraîche beträufeln und mit Kresse garnieren.

Kochzeit
20
Minuten

Statt der Brunnenkresse können Sie auch den aromatischen Rucola oder den milden Kopfsalat verwenden.

20

Zucchini-Lachs-Roulade

MIT ARTISCHOCKEN-VINAIGRETTE

Nur diese 4 Zutaten kaufen:

1 1 großer Zucchino
2 1 kleiner Kopfsalat
3 1 Glas eingelegte Artischockenherzen
4 200 g gebeizter Lachs

Basisprodukte:
5 EL Olivenöl, 2 EL Balsamico-Essig,
1 Tasse Gemüsebrühe
sowie Salz, Pfeffer

Gebeizter Lachs mit Zucchini und Artischocken-Vinaigrette ist zu jeder Jahreszeit ein Genuss. Mit einem kühlen Glas Weißwein schmeckt er noch mal so gut – ob als Vorspeise oder Snack.

Zucchino und Salat

Den Zucchino waschen, den Stielansatz abschneiden, Zucchino trockentupfen und der Länge nach in sehr dünne Scheiben schneiden. Mit Salz und Pfeffer würzen, in einer Pfanne mit 2 EL Olivenöl von beiden Seiten leicht braun braten und auf Küchenpapier abtropfen lassen. Vom Kopfsalat großzügig die äußeren Blätter entfernen, bis das gelbe Salatherz sichtbar wird. Die Blätter vom Salatherz abzupfen und 5 Minuten in kaltes Wasser legen, auf einem Sieb abtropfen lassen.

Die Vinaigrette

2 bis 3 Artischockenherzen abtropfen lassen und in feine Würfel schneiden. Balsamico-Essig, Brühe, Salz, Pfeffer und 3 EL Olivenöl zu einer Vinaigrette verrühren und die Artischocken dazugeben.

Die Rouladen

Den Lachs in ebenso breite Streifen wie die Zucchini schneiden und auf die Zucchini legen. Zucchini- und Lachsstreifen zu Rouladen aufrollen. Zum Anrichten den Salat mit der Vinaigrette marinieren und auf Teller verteilen. Die Rouladen sowie 2 bis 3 geviertelte Artischockenherzen dazugeben und mit den übrigen Zucchinistreifen dekorieren.

Kochzeit
20
Minuten

Oliven können zusätzliches Aroma bringen, aber auch einige Brot-Chips (siehe S. 82) sind eine Bereicherung.

20

Rotbarbenfilet

MIT BOHNEN-OLIVEN-RAGOUT

Nur diese 4 Zutaten kaufen:

1

2

3

4

1 4 Zweige Thymian
2 1 kleine Dose weiße Bohnen
3 3 EL schwarze Oliven
4 2 Rotbarben (küchenfertig)

Basisprodukte: 1 Kartoffel, je 2 EL Balsamico-Essig und Rotwein, 1 Tasse Gemüsebrühe, 1/2 Zwiebel, 3 EL Olivenöl, 1 Schuss Weißwein sowie Salz, Pfeffer, 1/2 EL Mehl, 1/2 EL Butter

Rotbarbe wird von Feinschmeckern als der Fisch mit dem besten Meeresaroma geschätzt. Besonders in den Mittelmeerländern kommt er häufig auf den Tisch. Mit Bohnen, Oliven und Thymian wird er typisch mediterran zubereitet.

Die Sauce

Die Kartoffel schälen, in Würfel schneiden und in Salzwasser gar kochen. Für die Sauce den Balsamico-Essig mit dem Rotwein, 1/2 Tasse Brühe und 1 Zweig Thymian auf die Hälfte einkochen lassen und mit Salz und Pfeffer abschmecken.

Das Ragout

Die Bohnen auf ein Sieb gießen, kurz abbrausen. Die Zwiebel schälen und in feine Streifen schneiden, in einem Topf mit 1 EL Olivenöl andünsten, mit 1 Schuss Weißwein ablöschen. Die Bohnen sowie 1/2 Tasse Brühe hinzufügen und einige Minuten köcheln lassen. Oliven entsteinen, klein schneiden und zum Ragout geben, falls nötig, mit Salz und Pfeffer würzen. Kurz vor dem Anrichten die Kartoffelwürfel hinzufügen.

Die Rotbarben

Die Rotbarben auf Gräten und Schuppen überprüfen, falls nötig, entfernen (siehe Einband). Die Rotbarben in 4 Filets teilen und mit Salz und Pfeffer würzen. Die Hautseite leicht mit Mehl bestäuben. In einer Pfanne mit 2 EL Olivenöl auf der Hautseite bei mittlerer Hitze etwa 5 Minuten leicht knusprig braten. Den restlichen Thymian sowie die Butter dazugeben und die Filets 30 Sekunden immer wieder mit der Butter übergießen. Zum Anrichten das Bohnenragout in die Mitte der Teller geben, die Balsamico-Sauce darüber träufeln und die Fischfilets mit der Hautseite nach oben darauf legen.

Kochzeit
20
Minuten

Falls Sie keine Rotbarben im Handel bekommen, nehmen Sie Zander- oder Wolfsbarschfilet.

20

Rotbarsch in Tomaten

MIT SÜSSSAUREM PILZRAGOUT

Nur diese 4 Zutaten kaufen:

1. 200 g Rotbarschfilet
2. 1/2 Hand voll Pfifferlinge
3. 1/2 Hand voll Champignons
4. 4 Strauchtomaten

Basisprodukte: 1/2 Zitrone, 1/2 Zwiebel, 3 EL Olivenöl, 1 Schnapsglas Balsamico-Essig, je 1 Schuss Weißwein und Gemüsebrühe sowie Salz, Pfeffer, 1 TL Zucker

Gefüllte Tomaten mit Reis kennt jeder. Hier versteckt sich Rotbarsch in den Tomaten. Dazu gibt es süßsaures Pilzragout. Kein Alltagsgericht, aber als Zwischengang in einem Menü ist es gut vorzubereiten und außerdem noch leicht und aromatisch.

Fisch und Pilze

Wasser für die Tomaten zum Kochen bringen. Den Rotbarsch in feine Würfel schneiden (vorher auf Gräten kontrollieren), mit Salz und Pfeffer und etwas Zitronensaft würzen. Die Zwiebel schälen und in feine Streifen schneiden, die Pilze putzen und in Scheiben schneiden oder halbieren.

Die Tomaten

Die Tomaten für 5 bis 10 Sekunden ins kochende Wasser tauchen und sofort mit kaltem Wasser abschrecken. Mit einem kleinen Messer häuten, den Deckel abschneiden und mit einem kleinen Löffel vorsichtig die Kerne herausheben. Die Tomaten mit Salz und Pfeffer würzen und mit den Rotbarschwürfeln füllen. Den Deckel wieder darauf setzen und die Tomaten für 6 Minuten im vorgeheizten Backofen bei 200 °C (Umluft 180 °C) garen.

Das Pilzragout

In einer Pfanne die Zwiebeln im Olivenöl andünsten, den Zucker hineinstreuen, etwas karamellisieren lassen und mit dem Balsamico ablöschen. Die Pilze dazugeben und bei starker Hitze anbraten. Zum Schluss noch den Weißwein und die Brühe hinzufügen, einkochen lassen und mit Salz und Pfeffer abschmecken. Auf die Mitte der Teller geben und die Ofentomaten darauf setzen.

Kochzeit
20
Minuten

Kräuter und Knoblauch oder auch gehackte Oliven passen fantastisch zu dem Pilzragout.

20

Scampi-Lachs-Pflanzerl

MIT RUCOLA UND BROT-CHIPS

Nur diese 4 Zutaten kaufen:

1 4 Scampi (roh)
2 120 g frisches Lachsfilet (ohne Haut)
3 2 Bund Rucola
4 1 kleines Ciabatta-Brot

Basisprodukte:
1/2 Zitrone, 2 EL Balsamico-Essig, 1/2 Tasse Gemüsebrühe, 9 EL Olivenöl sowie Salz, Pfeffer

Eigentlich sind Lachs und Scampi viel zu schade, um daraus Pflanzerl, Buletten oder Frikadellen – wie immer man sie nennen will – zu machen. Dennoch könnten sie sich zu Trendfood entwickeln. Dazu gibt es würzigen Rucola und knusprige Brot-Chips.

Scampi und Lachs

Die Scampi schälen, den Darm entfernen (siehe Einband), zusammen mit dem Lachs in feine Würfel schneiden und in eine kleine Schüssel geben. Mit etwas Salz, Pfeffer und Zitronensaft würzen bzw. marinieren.

Der Salat

Für die Vinaigrette den Balsamico-Essig, Brühe, Salz und Pfeffer sowie 3 EL Olivenöl verrühren. Den Rucola unter fließendem Wasser kurz abbrausen, trockenschütteln, welke Blätter aussortieren und die Stiele sehr großzügig abschneiden. Für die Brot-Chips das Ciabatta-Brot in möglichst dünne Scheiben schneiden und in einer Pfanne mit reichlich (etwa 5 EL) Olivenöl von beiden Seiten kross braten. Auf Küchenpapier abtropfen lassen, eventuell leicht salzen.

Die Pflanzerl

Aus der Scampi-Lachs-Masse 6 bis 8 gleich große »Pflanzerl« formen und von beiden Seiten in einer Pfanne mit 1 EL Olivenöl bei mittlerer Hitze etwa 4 Minuten garen. Zum Anrichten den Rucola mit der Vinaigrette marinieren, auf Teller verteilen, die Fischpflanzerl dazugeben und mit den Brot-Chips garnieren.

Kochzeit
20
Minuten

Mit Cocktailsauce (siehe S. 38) schmecken die Pflanzerl noch mal so gut und statt Rucola passt auch ein gemischter Salat mit Kirschtomaten dazu.

20

Gebratenes Zanderfilet

MIT KARTOFFELGULASCH

Nur diese 4 Zutaten kaufen:

1 2 Knoblauchzehen
2 1 TL Paprikapulver (edelsüß)
3 2 Zanderfilets (à 140 g)
4 1/2 Bund glatte Petersilie

Basisprodukte: 6 Kartoffeln, 1 Zwiebel, 1 Schuss Weißwein, 3 Tassen Gemüsebrühe, 1/2 Zitrone sowie 2 EL Butter, Salz, Pfeffer, 1 EL Mehl, 2 EL Pflanzenöl

Zander ist ein geschätzter Speisefisch mit magerem, festem, zart-aromatischem Fleisch. Sein feiner Geschmack kommt am besten zur Geltung, wenn er als Filet kurz in der Pfanne gebraten oder im Ganzen im Backofen gegart wird.

Das Gulasch

Die Kartoffeln schälen und in mittelgroße Würfel schneiden. Die Zwiebel ebenfalls schälen und in Streifen schneiden. Die Knoblauchzehen mit der Handfläche einmal kräftig andrücken. Die Zwiebelstreifen in einem mittelgroßen Topf mit der Butter glasig dünsten, mit Paprikapulver bestäuben, kurz dünsten. Mit dem Weißwein ablöschen, die Kartoffeln und den Knoblauch hinzufügen, mit der Gemüsebrühe auffüllen, sodass alles knapp bedeckt ist. Falls nötig, mit Salz und Pfeffer leicht nachwürzen, zugedeckt aufkochen und anschließend bei mittlerer Hitze langsam weich schmoren.

Der Fisch

Die Zanderfilets auf Gräten kontrollieren, falls nötig, entfernen (siehe Einband) und in 4 gleich große Stücke portionieren. Mit Salz und Pfeffer würzen, die Hautseite mit etwas Mehl bestäuben und in einer nicht zu heißen Pfanne im Pflanzenöl auf der Hautseite gut 2 Minuten anbraten. Wenden, ebenfalls bei mittlerer Hitze etwa 2 Minuten braten, dann erneut auf die Hautseite legen und diese kross braten. Die Petersilie waschen, trockentupfen und hacken. Zum Anrichten kurz vor dem Servieren Petersilie, einige Spritzer Zitronensaft und Salz und Pfeffer zum Kartoffelgulasch geben, auf Teller verteilen und den Zander darauf setzen.

Kochzeit
20
Minuten

Nicht nur geschmacklich, sondern auch optisch eine Bereicherung sind dünne Zwiebelringe, die leicht in Mehl gewendet und im heißen Fett knusprig ausgebacken werden.

20

20

Thunfischsteak

MIT AVOCADOPÜREE UND KARTOFFELSPÄNEN

Nur diese 4 Zutaten kaufen:

1. 1 reife Avocado
2. 1/2 Bund Koriander
3. 2 Thunfischsteaks (à 150 g)
4. 3 Zweige Petersilie

Basisprodukte:
2 Kartoffeln, 1/2 Zitrone, 3 EL Olivenöl sowie Salz, Pfeffer, 200 ml Pflanzenöl

Perfekt zubereitet wird frischer Thunfisch, wenn er in heißem Öl kurz gebraten wird, sodass das Innere gerade noch roh ist. Das ist sicher nicht jedermanns Sache, aber so entfaltet der Thunfisch seinen optimalen Geschmack.

Kartoffeln und Avocado

Die Kartoffeln schälen, mithilfe des Sparschälers Späne abziehen und in reichlich kaltes Wasser legen. Die Avocado halbieren, den Kern entfernen und das Fruchtfleisch mit einem Löffel aus der Schale heben. Mit einigen Spritzern Zitronensaft, Salz, Pfeffer und 1 EL Olivenöl mit dem Stabmixer fein pürieren. Den Koriander waschen, trockentupfen und hacken. Das Püree mit etwas Koriander abschmecken. Die Kartoffelspäne aus dem Wasser nehmen und mit Küchenpapier sehr gut trockentupfen. In einem kleinen Topf im heißen Pflanzenöl portionsweise kross frittieren, auf Küchenpapier abtropfen lassen. Leicht salzen und mit Pfeffer würzen. Kurz vor dem Servieren im Backofen bei 90 °C (Umluft 70 °C) erwärmen.

Der Thunfisch

Die Thunfischsteaks mit Salz und Pfeffer würzen, in einer Pfanne in 2 EL heißem Olivenöl von allen Seiten etwa 1 Minute braten. Petersilie waschen, trockentupfen und fein hacken. Die Petersilie und den restlichen Koriander zu den Thunfischsteaks geben, den Thunfisch darin wenden und aus der Pfanne nehmen. Die Steaks aufschneiden, auf Tellern anrichten und mit Avocadopüree und Kartoffelspänen servieren.

Kochzeit 20 Minuten

Wenn Sie Gemüse zum Thunfisch servieren wollen, passen sehr gut Paprika- und Zuckerschoten, Karotten sowie Sojasprossen, die kurz pfannengerührt werden.

20

Seezungenröllchen

MIT DILLSAUCE UND GURKENSTREIFEN

Nur diese 4 Zutaten kaufen:

1

2

3

4

1 6 große Seezungenfilets
2 2 Dillzweige
3 1 Glas Sekt
4 1 Salatgurke

Basisprodukte: 1/2 Zitrone, 1 Tasse Weißwein, 1/2 Zwiebel, 1 Tasse Gemüsebrühe, 1 Tasse Sahne sowie Salz, Pfeffer, 2 EL Butter

Fisch, Dill und Gurke ist eine klassische Kombination der Aromen. Besonders für feine Anlässe zu empfehlen, wenn dazu noch ein Fläschchen Sekt, Champagner oder Weißwein geöffnet wird.

Die Seezungenröllchen

Die Seezungenfilets mit Salz und Pfeffer würzen, aufrollen (siehe Einband), in einen gebutterten tiefen Teller geben. Etwas Zitronensaft darüber träufeln, den Weißwein dazugießen und die Fischröllchen im vorgeheizten Backofen bei 150 °C (Umluft 130 °C) etwa 10 Minuten pochieren.

Die Dillsauce

Die Zwiebel schälen, in Würfel schneiden, in einem Topf mit 1 EL Butter andünsten, die Brühe und die Sahne hinzufügen und einkochen lassen. Den Dill waschen, trockentupfen und fein hacken. Kurz vor dem Servieren den Sekt und den gehackten Dill dazugeben, mit Salz und Pfeffer abschmecken. Mit dem Stabmixer schaumig schlagen.

Die Gurkenstreifen

Die Gurke schälen, mit dem Sparschäler der Länge nach dünne Streifen abschälen und unmittelbar vor dem Servieren in einer Pfanne mit 1 EL Butter kurz durchschwenken. Mit Salz und Pfeffer würzen und auf die Mitte der Teller verteilen. Die Seezungenröllchen darauf anrichten und mit der Dillsauce übergießen.

Kochzeit 20 Minuten

Sie können auch etwas gehackten Dill auf die Filets streuen und sie dann aufrollen. So kommt das Kräuteraroma noch stärker zur Geltung.

20

Heilbutt mit Rosmarin

AUF KARTOFFEL-ORANGEN-PÜREE

Nur diese 4 Zutaten kaufen:

1 2 Orangen
2 250 g Heilbuttfilet
3 4 große Rosmarinzweige
4 1 Schälchen Kapuzinerkresseblüten

Basisprodukte:
3 Kartoffeln, 2–3 große Tassen Gemüsebrühe, 5 EL Olivenöl
sowie 1 TL Stärke, Salz, Pfeffer

Dieses Gericht orientiert sich an der südfranzösischen Küche. Der Clou beim Kartoffelpüree ist, dass es nicht mit Sahne und Butter zubereitet wird, sondern mit Olivenöl und Orangensaft. Das gibt dem Püree ein unverwechselbar mediterranes Aroma.

Das Püree zum Ersten

Die Kartoffeln schälen, in Würfel schneiden und mit der Brühe bedeckt gar köcheln. Die Orangen mit dem Messer schälen, die Filets herausschneiden, aus den Schalen den Saft auspressen. Orangensaft in einem kleinen Topf einmal kurz aufkochen und mit der Stärke leicht binden. Die Orangenfilets hineinlegen und beiseite stellen.

Der Heilbutt

Den Heilbutt in 8 gleich große Stücke teilen und mit Salz und Pfeffer würzen. Vom Rosmarin großzügig einige Nadeln abzupfen, die Zweige als Spieße für je 2 Heilbuttstückchen verwenden. Die Heilbuttspieße in einer Pfanne in 2 EL Olivenöl von beiden Seiten bei mittlerer Hitze glasig braten.

Das Püree zum Zweiten

Die gegarten Kartoffelwürfel in ein hohes Gefäß geben, etwa 3 EL Olivenöl sowie etwas gebundenen Orangensaft hinzugeben und mit einem Stabmixer sämig pürieren, falls nötig, noch etwas heiße Brühe dazugießen und mit Salz und Pfeffer abschmecken. Das Püree in die Mitte der Teller geben, die Orangenfilets mit restlichem Saft dazugeben, die Heilbuttspieße darauf anrichten und mit den Kapuzinerkresseblüten und dem Rosmarin dekorieren.

Kochzeit 20 Minuten

Falls Sie keine Kapuzinerkresseblüten bekommen, nehmen Sie stattdessen Brunnenkresse. Sie passt mit ihrer leichten Schärfe sehr gut zu den Orangen.

20

Pochierter Kabeljau

MIT BASILIKUM UND PENNE

Nur diese 4 Zutaten kaufen:

1

2

3

4

1 3 Kabeljaufilets (à 150 g)
2 3 Zweige Basilikum
3 1 große Hand voll Penne
4 1 EL Pinienkerne

Basisprodukte:
1 Tasse Weißwein,
1 großer Schuss Sahne
sowie Salz, Pfeffer, 1 EL Butter

Der Kabeljau wird mit dem Basilikum belegt, damit er während des Pochierens das Kräuteraroma gut aufnehmen kann. Dazu passen die kurzen Nudeln sehr gut. Die gebratenen Pinienkerne sorgen für den richtigen Biss.

Der Fisch

Wasser für die Nudeln zum Kochen bringen. Den Kabeljau in 4 gleich große Stücke portionieren, mit Salz und Pfeffer würzen. Basilikum von den Stielen zupfen, waschen, trockentupfen und den Kabeljau damit belegen. Kabeljau in einen mit Butter gefetteten tiefen Teller geben und den Weißwein dazugießen. Den Teller mit Alufolie abdecken, am Rand gut festdrücken und den Kabeljau im vorgeheizten Backofen bei 150 °C (Umluft 130 °C) etwa 12 Minuten garen.

Nudeln und Fond

Die Nudeln in Salzwasser »al dente« garen. Die Pinienkerne in einer Pfanne mit etwas Butter leicht rösten, auf Küchenpapier abtropfen lassen. Wenn der Kabeljau gegart ist, den Weißweinfond vorsichtig in einen kleinen Topf gießen, aufkochen, 1 großen Schuss Sahne hinzufügen, mit Salz und Pfeffer abschmecken, erneut aufkochen und die Nudeln darin schwenken. Nudeln auf Teller verteilen, den Kabeljau darauf setzen und die Pinienkerne darüber streuen.

Kochzeit 20 Minuten

Der Kabeljau kann auch sehr gut im Tomaten-Safran-Sud (siehe S. 46) pochiert werden. Servieren Sie dazu Ciabatta-Brot.

20

Seeteufel-Schaschlik

MIT ZUCCHINI UND TOMATEN

Nur diese 4 Zutaten kaufen:

1

2

3

4

1 1 Zucchino
2 1 kleiner Kopfsalat
3 300 g Seeteufelfilet
4 1 kleine Hand voll Kirschtomaten

Basisprodukte:
3 EL Olivenöl, 2 EL Balsamico-Essig,
1 EL Gemüsebrühe
sowie Salz, Pfeffer

Ursprünglich bedeutet Schaschlik »am Spieß gebratene, kräftig gewürzte Hammelfleischstückchen« und kommt aus dem Orient und dem Balkan. In diesem Rezept werden Seeteufel, Zucchiniwürfel und Kirschtomaten auf Holzspieße gesteckt und gebraten.

Gemüse und Salat

Den Zucchino waschen, trockentupfen und den Stielansatz abschneiden. Zucchino der Länge nach halbieren und in fingerdicke Stücke schneiden. In einer heißen Pfanne mit 1 EL Olivenöl, Salz und Pfeffer braten und auf Küchenpapier abtropfen lassen. Vom Kopfsalat großzügig die äußeren Blätter entfernen, das gelbe Salatherz putzen und in kaltem Wasser waschen. Für die Vinaigrette Balsamico-Essig, Gemüsebrühe und 1 EL Olivenöl, Salz und Pfeffer vermischen.

Die Spieße

Den Seeteufel in genau so große Stücke schneiden wie die Zucchini. Die Kirschtomaten waschen und trockentupfen. Abwechselnd Zucchini, Seeteufel und Kirschtomate auf Holzspieße stecken, mit Salz und Pfeffer würzen. In einer großen Pfanne bei mittlerer Hitze mit 1 EL Olivenöl von allen Seiten gut braten. Zum Servieren den Salat mit der Vinaigrette marinieren, auf Teller verteilen und die Spieße dazulegen.

Kochzeit 20 Minuten

Eine Auswahl von Würzsaucen, wie Cocktailsauce (siehe S. 38), Senf-Dill-Sauce (siehe S. 14), Apfel-Curry-Dip (siehe S. 24) oder Fertigsaucen, machen dieses Gericht zu einem Party-Hit.

20

Kabeljau in Kartoffelteig

MIT ROTWEINZWIEBELN

Nur diese 4 Zutaten kaufen:

1 4 rote Zwiebeln
2 2 Rosmarinzweige
3 1 Lorbeerblatt
4 2 Kabeljaufilets (à 150 g)

Basisprodukte: 3 EL Olivenöl, 1 großes Glas Rotwein, 1 Tasse Gemüsebrühe, 2 Kartoffeln
sowie Salz, Pfeffer, 1 TL Stärke

Die weit verbreitete Meinung, dass Rotwein und Fisch nicht zusammenpassen, ist inzwischen überholt. Besonders gut harmonieren Fischgerichte jedoch mit Rotwein, wenn sie einen größeren Anteil an Röststoffen haben. Deshalb wird der Kabeljau hier in einer kross gebratenen Kartoffelkruste serviert.

Die Rotweinzwiebeln

Die Zwiebeln schälen und in Spalten schneiden. In einem kleinen Topf 1 EL Olivenöl erhitzen und die Zwiebeln darin kurz andünsten. Leicht salzen, den Rosmarin und das Lorbeerblatt dazugeben und mit Rotwein ablöschen. Die Zwiebeln zunächst zugedeckt 2 Minuten köcheln lassen. Dann den Deckel entfernen, mit der Brühe knapp bedecken und etwa auf die Hälfte einkochen. Mit Salz und Pfeffer abschmecken und mit der Stärke leicht binden.

Der Kabeljau

Die Kabeljaufilets in 4 gleich große Stücke portionieren und mit Salz und Pfeffer würzen. Die Kartoffeln schälen, auf der groben Seite einer Reibe raspeln und mit Salz und Pfeffer würzen. Die Fischfilets gleichmäßig mit der ausgedrückten Kartoffelmasse belegen und in einer Pfanne bei mittlerer Hitze mit 2 EL Olivenöl zunächst auf der Kartoffelseite langsam goldbraun braten. Je langsamer Sie den Fisch braten, umso krosser wird die Kartoffelkruste. Den Fisch wenden und kurz von der anderen Seite braten. Zum Servieren die Zwiebeln mit dem Sud auf Teller verteilen und die Kabeljaufilets darauf legen.

Kochzeit
20
Minuten

Für besondere Anlässe servieren Sie zum Kabeljau in Champagner gegarte Schalotten mit Thymian.

20

Rotbarsch

MIT KARTOFFELSCHUPPEN

Nur diese 4 Zutaten kaufen:

1. 1 EL Mandelblättchen
2. 1 Bund grüner Spargel
3. 2 Rotbarschfilets (à 140 g)
4. 2 Estragonzweige

Basisprodukte: 2 EL Olivenöl, 1 Schuss Weißwein, 1 Tasse Gemüsebrühe, 3 Kartoffeln, 1 Ei sowie Salz, Pfeffer, 1 TL Stärke

Der Rotbarsch kommt durch die gebratenen Kartoffelschuppen optisch erst richtig zur Geltung. Geschmacklich ähneln die Kartoffelscheiben der Kartoffelkruste (siehe S. 96). Aber schließlich isst das Auge ja auch mit.

Der Spargel

Die Mandelblättchen auf einem Blech im vorgeheizten Backofen bei 120 °C (Umluft 100 °C) leicht bräunen. Vom grünen Spargel das untere Drittel abschneiden, falls nötig, schälen. Spargelstangen der Länge nach halbieren und in Stücke schneiden. In einem Topf mit etwas Olivenöl den Spargel kurz anbraten, mit Weißwein ablöschen, die Brühe dazugeben, mit Salz und Pfeffer würzen und zugedeckt bei mittlerer Hitze langsam gar köcheln. Mit der Stärke leicht binden.

Kartoffeln und Fisch

Die Kartoffeln schälen, in möglichst dünne Scheiben hobeln oder schneiden und mit einem runden Ausstecher (etwa 3 cm Durchmesser) ausstechen. Die Fischfilets mit Salz und Pfeffer würzen, eine Seite mit Eigelb bestreichen und die Kartoffeltaler schuppenartig darauf legen. In einer Pfanne bei mittlerer Hitze im übrigen Olivenöl zunächst die Kartoffelseite kross und goldbraun braten, den Fisch wenden und fertig braten. Estragonblätter abzupfen und zum Spargelgemüse geben. Spargelgemüse auf tiefe Teller verteilen, den Fisch darauf setzen und mit Mandelblättchen garnieren.

Kochzeit 20 Minuten

Wenn weißer Spargel Saison hat, sollten Sie diesen verwenden. Damit schmeckt das Gericht noch besser.

20

Dorade royale

MIT AUBERGINEN UND KIRSCHTOMATEN

Nur diese 4 Zutaten kaufen:

1 2 Doraden royale (à ca. 350 g)
2 1 Bund Thymian
3 1/2 Hand voll Kirschtomaten
4 1 Aubergine

Basisprodukte:
1/2 Zitrone, 6 EL Olivenöl, 1 Tasse Gemüsebrühe, 4 EL Balsamico-Essig sowie Salz, Pfeffer, 2 EL Mehl

Fisch im Ganzen gebraten ist immer noch die beste Zubereitung für wirklich saftigen Fisch. Besonders in Italien und Südfrankreich ist die Dorade sehr geschätzt und findet sich in vielen Varianten auf dem Speiseplan.

Die Fische

Die Doraden unter fließendem Wasser abspülen, schuppen (siehe Einband) und mit Küchenpapier trockentupfen. Die Bauchlappen mit dem Thymian (bis auf 2 Zweige) sowie jeweils 1 Scheibe Zitrone füllen. Die Doraden mit Salz und Pfeffer würzen und von beiden Seiten mit Mehl gut bestäuben, in einer großen Pfanne (oder nacheinander) mit 4 EL Olivenöl von beiden Seiten anbraten, auf ein Blech geben und bei 170 °C (Umluft 150 °C) etwa 10 Minuten im vorgeheizten Backofen garen.

Die Tomaten

Die Brühe mit dem Balsamico-Essig aufkochen, mit Salz und Pfeffer abschmecken, die Tomaten waschen und dazugeben. Zugedeckt erneut aufkochen, vom Herd nehmen und 6 Minuten ziehen lassen.

Die Aubergine

Die Aubergine waschen, Stielansatz entfernen und die Aubergine in Würfel schneiden. In einer Pfanne mit 2 EL Olivenöl sowie mit 2 Zweigen Thymian gut anbraten, mit Salz und Pfeffer würzen. Zum Anrichten den Fisch auf eine Platte geben und die Auberginen sowie die Tomaten dazu reichen.

Kochzeit 20 Minuten

Die Doraden können Sie auch auf dem Holzkohlengrill zubereiten, dann vorher nicht im Mehl wenden.

20

ALEXANDER

Kochzeit 30 Minuten

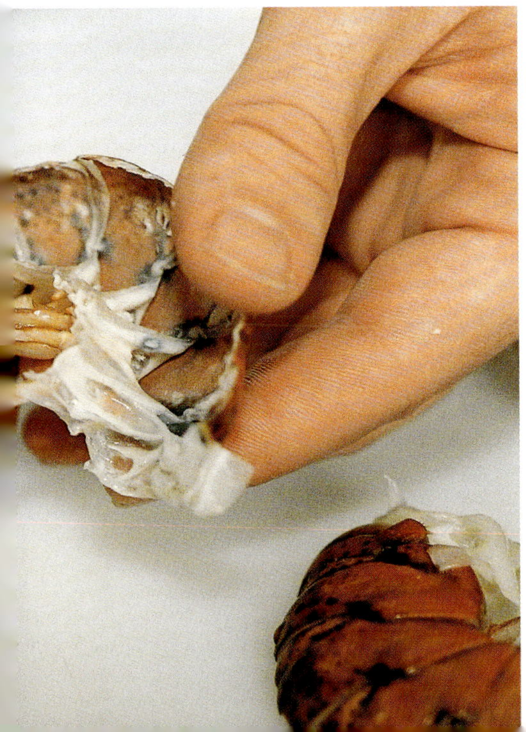

Muschel-Minestrone

MIT PAPRIKA UND ZUCCHINI

Nur diese 4 Zutaten kaufen:

1 2 Hand voll Miesmuscheln
2 1 Hand voll Suppennudeln (z. B. Ruote)
3 1 rote Paprikaschote
4 1 Zucchino

Basisprodukte: 1 Zwiebel, 3 EL Olivenöl, 2 große Gläser Weißwein, 3 große Gläser Gemüsebrühe sowie Salz, Pfeffer

Miesmuscheln sind ein wahrer Genuss. Viel zu kurz kommt leider oft der Muschelsud, in dem sie gekocht werden. Hier steht er mal im Vordergrund und bildet die Grundlage für eine feine Muschelsuppe.

Nudeln und Muscheln

Reichlich Wasser für die Nudeln zum Kochen bringen und salzen. Die Muscheln unter fließendem kalten Wasser gründlich säubern und den Bart entfernen. Bereits geöffnete Exemplare aussortieren. Die Nudeln im Salzwasser »al dente« garen und mit kaltem Wasser abschrecken. Die Zwiebel schälen, in feine Würfel schneiden, in einem größeren Topf im Olivenöl kurz andünsten. Die abgetropften Muscheln dazugeben, mit Salz und Pfeffer würzen, mit dem Weißwein und der Brühe aufgießen, aufkochen und zugedeckt etwa 5 Minuten köcheln lassen. Die Muscheln sind gar, wenn sie sich geöffnet haben (nicht geöffnete aussortieren). Die Muscheln mit einer Schaumkelle aus dem Sud heben und in eine Schüssel geben, den Sud etwas einköcheln lassen.

Die Minestrone

Paprikaschote halbieren, Stielansatz und Kerne entfernen, Paprika waschen und in feine Streifen schneiden. Den Zucchino waschen, trockentupfen, den Stielansatz abschneiden und den Zucchino in Würfel schneiden. Das Gemüse in den Muschelsud geben und etwa 4 Minuten leicht köcheln. In der Zwischenzeit die Muscheln aus den Schalen lösen und kurz vor dem Servieren mit den Nudeln in den Sud geben, einmal aufkochen und mit Salz und Pfeffer würzen.

Kochzeit 30 Minuten

Zu Muscheln passen sehr gut Thymian, Safran und vor allem Knoblauch, die der Suppe den letzten Pfiff geben.

30

Gebackener Kaisergranat

MIT MANGO-LAUCH-SALAT

Nur diese 4 Zutaten kaufen:

1 8 Kaisergranate
2 1/2 Mango
3 1 Bund Lauchzwiebeln
4 1 kleine rote Chilischote

Basisprodukte: 2 EL Olivenöl, 1 Schuss Weißwein, 1 Tasse Gemüsebrühe, 1 EL Balsamico-Essig sowie Salz, Pfeffer, 200 ml Pflanzenöl, 1 EL Mehl, 1 EL Stärke

Tempura ist eine beliebte Zubereitungsart in der japanischen Küche. Gemüse oder Fisch wird in Teig getaucht und in heißem Öl frittiert. Der Teig wird aus Stärke, Mehl und eiskaltem Wasser hergestellt.

Kaisergranat zum Ersten

Den Kaisergranat wie Scampi schälen (siehe Einband). Die Schalen in einem kleinen Topf in etwas Olivenöl kurz andünsten, mit dem Weißwein und der Brühe auffüllen. Zugedeckt aufkochen. Anschließend 15 Minuten ziehen lassen und durch ein Sieb gießen.

Der Salat

Die Mango schälen und in dünne Spalten schneiden. Die Lauchzwiebeln putzen, waschen und schräg in Scheiben schneiden, in einer Pfanne mit 1 EL Olivenöl kurz andünsten und mit Salz und Pfeffer würzen. Mit dem Kochsud gut bedeckt auffüllen und einkochen. Die Chilischote entkernen und in feine Streifen schneiden, zu den Frühlingszwiebeln geben, mit Salz und Pfeffer und Balsamico-Essig abschmecken sowie etwas Olivenöl hinzufügen.

Kaisergranat zum Zweiten

Das Pflanzenöl zum Frittieren erhitzen. Für den Tempurateig Mehl, Stärke, 1 Prise Salz und nach und nach so viel eiskaltes Wasser verrühren, bis der Teig leicht sämig ist. Kaisergranate in den Teig tauchen und möglichst einzeln im heißen Fett ausbacken, auf Küchenpapier abtropfen lassen. Zum Anrichten die Mango mit dem Lauch vermischen, auf Teller verteilen und die gebackenen Kaisergranate darauf setzen.

Kochzeit 30 Minuten

Auch Hummer, Languste oder Fischfiletwürfel lassen sich gut in Tempurateig ausbacken.

30

Zanderklößchen

AUF ROTE-BETE-APFEL-CARPACCIO

Nur diese 4 Zutaten kaufen:

1

2

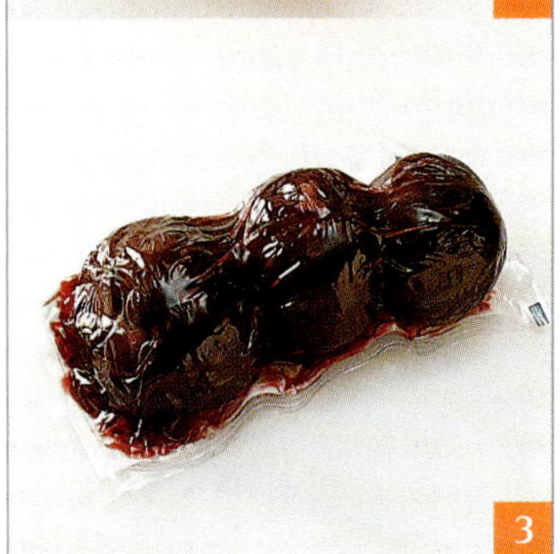

3

4

1 140 g Zanderfilet (ohne Haut)
2 2 Äpfel
3 2 gekochte Rote Bete
4 1/2 EL Wasabi-Paste

Basisprodukte: 1 Ei, 1 Tasse Sahne, 1 Schuss Weißwein, 1 großer Schuss Gemüsebrühe
sowie 1 EL Butter, Salz, Pfeffer

Die Zanderklößchen werden aus einer Fischfarce zubereitet. Die Herstellung einer Farce gehört zur hohen Kunst der Fischküche. Wichtig dabei ist, dass alle Zutaten eiskalt sind. Fischfarce gelingt auch mit Wolfsbarsch-, Lachs- oder Hechtfilet.

Der Zander

Das Zanderfilet auf Gräten kontrollieren, falls nötig, entfernen (siehe Einband) und klein schneiden. Im Cutter oder Küchenmixer kurz klein pürieren und 10 Minuten ins Gefrierfach stellen.

Äpfel und Rote Bete

Die Äpfel waschen, das Kerngehäuse entfernen und wie die Rote Bete in 1 cm dicke Scheiben schneiden. In einer Pfanne nacheinander in der Butter anbraten, mit Salz und Pfeffer würzen und auf Küchenpapier abtropfen lassen. Die Scheiben fächerartig abwechselnd auf Teller verteilen und im vorgeheizten Ofen bei 80 °C (Umluft 70 °C) warm halten.

Farce und Sauce

Das Zanderfleisch nochmals mit 1 Prise Salz durchmixen. 1 Eiweiß hinzufügen und alles so fein wie möglich pürieren. 100 g Sahne nach und nach hinzufügen, bis eine feine Masse mit leicht seidigem Glanz entstanden ist. Die Farce mit Salz und Pfeffer nachwürzen und mit einem großen Löffel Nocken abstechen. Etwa 6 Minuten in heißem, nicht kochendem Salzwasser pochieren. Den Weißwein mit der Brühe und der gleichen Menge Sahne etwas einkochen, mit Salz würzen, die Wasabi-Paste hinzufügen und mit dem Stabmixer aufschäumen. Die Zanderklößchen auf das Rote-Bete-Apfel-Carpaccio geben und mit der Sauce übergießen.

Kochzeit 30 Minuten

Wasabi ist scharfer, grüner japanischer Meerrettich, der in der Tube oder als Pulver angeboten wird.

30

Kartoffelpralinen

MIT GURKEN-KAVIAR-SAUCE

Nur diese 4 Zutaten kaufen:

1 3 Blätter Frühlingsrollenteig (TK)
2 1 Salatgurke
3 4 Zweige Dill
4 1 kleines Glas Forellenkaviar

Basisprodukte: 3 Kartoffeln, 1/2 Zitrone, 1 Tasse Sahne, 2 Eier
sowie Salz, Pfeffer, reichlich Pflanzenöl, 1 EL Mehl, 1 TL Stärke

»Es muss (zwar) nicht immer Kaviar sein«, aber manchmal eben schon! Natürlich ist der echte Kaviar vom Stör der beste, aber auch Forellen- oder Lachskaviar sind durchaus zu empfehlen.

Kartoffeln und Gurke

Die Kartoffeln schälen, in Würfel schneiden und in Salzwasser weich kochen. Abgießen und gut abdampfen lassen. Die Frühlingsrollenblätter nebeneinander legen und auftauen lassen. Die Gurke schälen, in Stifte schneiden oder auf einer Reibe grob raspeln. Mit Zitronensaft, Salz und Pfeffer würzen und 15 Minuten ziehen lassen. In der Zwischenzeit die Sahne steif schlagen, den Frühlingsrollenteig in Streifen schneiden. Den Dill waschen, trockentupfen und grob hacken. Das Pflanzenöl zum Frittieren erhitzen.

Die Pralinen

Die Kartoffeln mit einer Gabel grob zerdrücken, mit dem Mehl, der Stärke, dem Eigelb sowie Salz und Pfeffer zu einem festen Teig verkneten. Daraus 4 bis 6 Kugeln formen. Diese in die Frühlingsrollenstreifen rollen bzw. die Teigstreifen leicht andrücken und die Päckchen im heißen Öl kross frittieren. Auf Küchenpapier abtropfen lassen und im vorgeheizten Ofen bei 90 °C (Umluft 80 °C) warm halten.

Die Sauce

Den Forellenkaviar unter die Gurkenstifte rühren und 1 bis 2 EL geschlagene Sahne sowie den Dill dazugeben, auf Tellern verteilen und die Pralinen darauf setzen.

Kochzeit 30 Minuten

Die Kartoffelpralinen eignen sich hervorragend als Beilage zur Dorade im Tomaten-Safran-Sud (siehe S. 46) oder zum gespickten Seeteufel mit Kartoffel-Oliven-Vinaigrette (siehe S. 118).

30

Brathering

MIT SPECKCROÛTONS

Nur diese 4 Zutaten kaufen:

1

2

3

4

1 4 mittelgroße Heringe (küchenfertig)
2 300 ml kräftiger Kalbsfond (im Glas)
3 4 Scheiben Toastbrot
4 4 Scheiben geräucherter Speck

Basisprodukte: 2 Zwiebeln, 2 Schnapsgläser Balsamico-Essig, 1 Glas Rotwein sowie Salz, Pfeffer, 1 EL Mehl, 1 EL Pflanzenöl, 2 EL Butter

Brathering ist vielleicht ein wenig aus der Mode gekommen. Aber frisch zubereitet und selbst eingelegt ist er immer noch eine absolute Delikatesse – und begeistert Jung und Alt.

Die Bratheringe

Die Zwiebeln schälen und in feine Streifen schneiden. Die Heringe gründlich waschen, trockentupfen, mit Salz und Pfeffer würzen, mit Mehl bestäuben und in einer Pfanne im Pflanzenöl von allen Seiten gut braun braten. Herausnehmen und auf einen Teller legen. Die Zwiebelstreifen in die Pfanne geben, mit Salz und Pfeffer würzen, braun braten, mit Balsamico-Essig und Rotwein ablöschen. Kurz einkochen, den Kalbsfond hinzufügen, aufkochen, mit Salz und Pfeffer und, falls nötig, noch etwas Balsamico-Essig abschmecken. Die Heringe hineinlegen, von der Kochstelle nehmen und zugedeckt 20 Minuten ziehen lassen.

Die Croûtons

Das Toastbrot entrinden und in Würfel schneiden. Den Speck in ganz feine Würfel schneiden, in einer Pfanne mit der Butter kross braten, die Toastbrotwürfel dazugeben und unter ständigem Rühren knusprig braun braten, auf Küchenpapier abtropfen lassen. Die Heringe mit den Zwiebeln auf Teller verteilen und reichlich Speck und Croûtons darüber streuen.

Kochzeit 30 Minuten

Statt Rotwein können Sie auch einen kräftigen Schuss Bier sowie Lorbeer, Thymian und etwas Knoblauch in den Sud geben.

30

Seeteufel-Carpaccio

MIT AVOCADO UND PAPAYA

Nur diese 4 Zutaten kaufen:

1 1 dickes Stück Seeteufelfilet (ca. 300 g)
2 1 reife Avocado
3 1 reife Papaya
4 1 Stück Kokosnussfleisch

Basisprodukte:
5 EL Olivenöl, 1/2 Zitrone
sowie Salz, Pfeffer

Das Original-Carpaccio besteht eigentlich aus rohen, hauchdünnen Scheiben Rinderfilet von bester Qualität. Inzwischen bereitet man auch Fisch oder Gemüse auf diese Weise zu: roh, hauchdünn geschnitten, mit einer feinen Marinade beträufelt.

Der Seeteufel

Zwei Teller mit Olivenöl einstreichen. Den Seeteufel in 1/2 cm dünne Scheiben schneiden und die Teller damit belegen. Seeteufel mit Salz und Pfeffer würzen und mit Olivenöl beträufeln. Mit Frischhaltefolie straff abdecken. Im vorgeheizten Backofen bei 80 °C (Umluft 70 °C) etwa 15 bis 20 Minuten langsam garen.

Avocado und Papaya

Die Avocado und die Papaya schälen, entsteinen bzw. entkernen, das Fruchtfleisch in kleine Würfel schneiden, mit Salz und Pfeffer würzen und mit etwas Olivenöl beträufeln. Vom Kokosnussfleisch mit einem Trüffelhobel dünne Späne abhobeln und diese in der Mikrowelle bei voller Leistung 20 Sekunden oder im Backofen bei 120 °C (Umluft 100 °C) etwa 12 Minuten trocknen. Die Seeteufelscheiben mit Zitronensaft beträufeln und mit Avocado, Papaya und Kokosspänen anrichten.

Kochzeit 30 Minuten

Statt Avocado, Papaya und Kokosnuss passen auch sehr gut Tomaten, Basilikum und Croûtons zum Seeteufel.

30

Hummer-Sushi

MIT WASABI-PASTE

Nur diese 4 Zutaten kaufen:

1

2

3

4

1 1 Hand voll Sushireis
2 1 gekochter Hummer
3 1 Tube Wasabi-Paste
4 3 EL Sojasauce

sowie Salz, 1/2 Zitrone, Zucker

Voraussetzung für gelungene Sushi sind sicherlich die topfrischen Zutaten. Die Kunst bei der Sushi-Zubereitung liegt aber auch darin, den Reis zu formen. Damit Ihnen dies gelingt, die Finger mit etwas lauwarmem Wasser befeuchten.

Der Reis

Den Reis mit der doppelten Menge Wasser auffüllen, leicht salzen, einmal aufkochen und bei schwacher Hitze 20 Minuten quellen lassen, eventuell umrühren. Mit etwas Zitronensaft und Zucker abschmecken. Den Reis auf ein Blech streichen und einige Minuten abkühlen lassen.

Der Hummer

Die beiden Hummerscheren vom Brustpanzer abdrehen. Den Rumpf der Länge nach mit einem großen Messer zerteilen und das Fleisch aus dem Panzer lösen. Die Scheren entweder mit einer Hummerzange knacken oder mit einem großen Messer anknacken.

Die Schale mit den Fingern entfernen. Das Hummerfleisch mit lauwarmem Wasser abwaschen, mit Küchenpapier trockentupfen und in dünne Scheiben schneiden. Wenn Ihnen diese Vorgehensweise zu mühsam erscheint, kaufen Sie 2 halbe Hummer oder lassen Sie das Hummerfleisch von Ihrem Fischhändler auslösen.

Die Sushi

Den Reis, falls nötig, noch einmal nachwürzen und 8 gleich große Sushi-Portionen daraus formen. Mit etwas Wasabi-Paste bestreichen und mit den Hummerscheiben belegen. Wasabi-Paste und Sojasauce zu den Hummer-Sushi servieren.

Kochzeit
30
Minuten

In Japan wird der Sushireis nach dem Kochen mit Reisessig und Zucker abgeschmeckt.

30

Gespickter Seeteufel

MIT KARTOFFEL-OLIVEN-VINAIGRETTE

Nur diese 4 Zutaten kaufen:

1

2

3

4

1 6 grüne Spargelstangen
2 2 EL schwarze Oliven
3 1 großes Seeteufelfilet (ca. 300 g)
4 4 Zweige Rosmarin

Basisprodukte:
2 Kartoffeln, 3 Tassen Gemüsebrühe, 1 EL Balsamico-Essig, 5 EL Olivenöl sowie 1 EL Butter, Salz, Pfeffer

Nicht nur optisch ist dieses Gericht ein Genuss. Auch kulinarisch ergeben sich durch die Verbindung der Aromen von Seeteufel und Spargel ganz neue Geschmackserlebnisse. Das Tüpfelchen auf dem i ist dabei die Kartoffel-Oliven-Vinaigrette.

Der Spargel

Den Spargel waschen, abtropfen lassen und auf etwa 8 cm lange Spargelspitzen zuschneiden. In einer Pfanne bei mittlerer Hitze mit der Butter etwa 2 Minuten von allen Seiten leicht braun braten, mit Salz und Pfeffer würzen. Auf Küchenpapier abtropfen lassen.

Die Vinaigrette

Die Kartoffeln schälen, in kleine Würfel schneiden und in der Brühe weich köcheln. Die Kartoffeln abgießen, die Brühe auffangen und die Kartoffeln abdampfen lassen. Die Oliven entsteinen und in kleine Stücke schneiden. Die Kartoffeln mit den Oliven mischen, Salz, Pfeffer, Balsamico-Essig und 2 bis 3 EL von der Kartoffelbrühe darunter mischen, kurz vor dem Servieren noch 4 EL Olivenöl unterrühren.

Die Medaillons

Aus dem Seeteufelfilet 6 Medaillons und jeweils in die Mitte ein kleines Loch schneiden. Den angebratenen Spargel durch die Medaillons stecken und den Fisch mit Salz und Pfeffer würzen. Die Rosmarinnadeln von den Zweigen zupfen. Seeteufelmedaillons in einer Pfanne bei mittlerer Hitze mit 1 EL Olivenöl sowie dem Rosmarin rundum braun braten. Zum Servieren die Kartoffel-Oliven-Vinaigrette über den Fisch träufeln.

Kochzeit 30 Minuten

Sie können noch getrocknete Tomaten, Schalotten- und Artischockenwürfel mit in die Vinaigrette geben.

30

Rotbarsch-Lasagne

MIT PAPRIKA UND WEISSER BOHNENSAUCE

Nur diese 4 Zutaten kaufen:

1 3 EL weiße Bohnen (aus der Dose)
2 1/2 Bund Thymian
3 3 rote Paprikaschoten
4 2 Rotbarschfilets

Basisprodukte: 1/2 Zwiebel, 3 EL Olivenöl, 1 Schuss Weißwein, 1 großer Schuss Gemüsebrühe, 1 Tasse Sahne, 2 EL Balsamico-Essig sowie Salz, Pfeffer

Fisch und Gemüse einmal anders: Saftiger Rotbarsch und aromatische Paprika ganz unkonventionell zu einer Lasagne geschichtet. Abgerundet wird das Ganze mit einer samtigen Bohnensauce und würzigem Thymian.

Die Bohnen

Die Zwiebel schälen, in feine Würfel schneiden, in einem Topf mit etwas Olivenöl kurz andünsten, mit Weißwein und Brühe ablöschen. Die Bohnen sowie 1 Zweig Thymian hinzufügen, aufkochen und zugedeckt etwa 12 Minuten nur ziehen, nicht köcheln lassen.

Die Lasagne

Die Paprika schälen, Kerngehäuse und Stielansatz entfernen und in jeweils 4 möglichst gleich große Scheiben zuschneiden. In einer Pfanne mit 1 EL Olivenöl von beiden Seiten kurz anbraten und auf Küchenpapier abtropfen lassen. Den Rotbarsch in je 4 gleich große Stücke schneiden, mit Salz und Pfeffer würzen und ebenfalls in der Pfanne mit dem Thymian von beiden Seiten anbraten. Abwechselnd Paprika und Fisch wie eine Lasagne schichten, mit Thymianblättchen bestreuen und bei 170 °C (Umluft 150 °C) etwa 6 Minuten im vorgeheizten Backofen fertig garen.

Die Sauce

Die Sahne zu den Bohnen geben, aufkochen und mit dem Stabmixer pürieren. Die Sauce mit Salz und Pfeffer abschmecken, durch ein Sieb streichen, erneut aufkochen und 2 EL Olivenöl dazurühren. Die Lasagne auf Teller geben, die Sauce angießen und mit Balsamico-Essig beträufeln.

Kochzeit 30 Minuten

Mit etwas fein gewürfeltem, knusprig gebratenem Räucherspeck wird die Bohnensauce herzhafter.

30

Scampi-Ragout

MIT SAFRANSPÄTZLE

Nur diese 4 Zutaten kaufen:

1 1 Päckchen Safran
2 6 Scampi (roh)
3 200 ml Hummersuppe
4 1 Zucchino

Basisprodukte: 1 Glas Weißwein, 2 Eier, 4 EL Olivenöl, 1 großer Schuss Gemüsebrühe, 1 Schuss Sahne sowie 90 g Mehl, Salz, Pfeffer, 1/2 EL Butter

Spätzle werden aus weichem Nudelteig hergestellt und traditionell zu Braten mit Sauce serviert. Sie passen überraschenderweise aber auch sehr gut zu Krustentieren wie diesen Scampi. Die leuchtend gelbe Farbe bringt der Safran ins Spiel.

Die Spätzle zum Ersten

Safran mit 1 Schuss Weißwein aufkochen. Das Mehl und die Eier mit 1 Prise Salz zu einem glatten Teig verrühren, den Safranfond hinzugeben und gut unterrühren. Den Teig mit einem Kochlöffel kräftig schlagen, bis sich Blasen bilden. Mit Frischhaltefolie abgedeckt etwas ruhen lassen. Für die Spätzle Wasser zum Kochen bringen.

Das Ragout

Die Scampi schälen, den Darm entfernen (siehe Einband) und die Scampi vierteln. Die Scampischalen unter fließendem Wasser waschen, gut abtropfen lassen, in einem Topf mit etwas Olivenöl kurz anbraten. Mit 1 Schuss Weißwein und der Brühe ablöschen. Die Hummersuppe sowie die Sahne dazugeben, aufkochen, mit Salz und Pfeffer würzen und 12 Minuten zugedeckt ziehen lassen. Den Zucchino waschen, abtrocknen, Stielansatz entfernen. Zucchino der Länge nach halbieren und in Scheiben schneiden. Die Scampi und die Zucchini mit Salz und Pfeffer würzen und in einer Pfanne im Olivenöl gut anbraten. Die Sauce durch ein Sieb gießen und erneut abschmecken, die Scampi und Zucchini dazugeben und einmal aufkochen.

Die Spätzle zum Zweiten

Den Spätzleteig mit einer Spätzlepresse in das kochende, leicht gesalzene Wasser drücken, die Spätzle einmal aufkochen lassen, in ein Sieb abgießen und kalt abspülen. Mit etwas Butter in eine Pfanne geben, erneut erwärmen und mit Salz und Pfeffer abschmecken, auf Teller verteilen und das Scampi-Ragout darüber geben.

Kochzeit
30
Minuten

Statt Safran kann man nach Belieben frische Kräuter, wie z. B. Basilikum oder Kerbel, in den Spätzleteig rühren.

30

Hummer-Sellerie-Ravioli

MIT PINIENKERNBUTTER

Nur diese 4 Zutaten kaufen:

1 1 kleine Sellerieknolle
2 1 gekochter Hummer
3 3 Zweige Thymian
4 3 EL Pinienkerne

Basisprodukte:
1 Ei
sowie Salz, 1 EL Butter

Hummer gilt schon von alters her als Delikatesse. Bei diesem Rezept besticht die Kombination von Hummer und Sellerie in Ravioliform. Feine Pinienkernbutter mit duftendem Thymian rundet den Hummergeschmack ab.

Der Sellerie

Den Sellerie dick abschälen, mit einem scharfen Messer in 12 bis 15 sehr dünne Scheiben schneiden und etwa 30 Sekunden in kochendem Salzwasser garen. In Eiswasser abschrecken und ausgebreitet auf Küchenpapier abtropfen lassen.

Der Hummer

Die beiden Hummerscheren vom Brustpanzer abdrehen. Den Rumpf der Länge nach mit einem großen Messer zerteilen und das Fleisch aus dem Panzer lösen. Die Scheren entweder mit einer Hummerzange knacken oder mit einem großen Messer anknacken und die Schale mit den Fingern entfernen. Das Hummerfleisch mit lauwarmem Wasser abwaschen, mit Küchenpapier abtrocknen und in dünne Scheiben schneiden. Wenn Ihnen diese Vorgehensweise zu mühevoll ist, kaufen Sie 2 halbe Hummer oder lassen Sie das Hummerfleisch von Ihrem Fischhändler auslösen.

Die Ravioli

Thymian waschen, trockenschütteln und die Blätter abzupfen. Die Butter in einer Pfanne aufschäumen lassen, Pinienkerne und Thymian hineingeben und kurz bräunen. Die Hälfte der Sellerieschelben mit Eigelb bestreichen, die Hummerscheiben in der Mitte darauf verteilen und mit dem restlichen Sellerie belegen. Den Sellerie gut andrücken, mit einem runden Metallring ausstechen oder mit einem Messer in Form schneiden. Die Sellerie-Ravioli auf ein Blech legen, mit der Pinienkernbutter bestreichen, leicht salzen und im vorgeheizten Ofen bei 120 °C (Umluft 100 °C) etwa 4 Minuten garen. Die Ravioli mit Pinienkernbutter servieren.

Kochzeit 30 Minuten

Geübte Hobbyköche oder solche mit verwöhntem Gaumen verwenden statt Pinienkernen schwarzen Trüffel.

30

Kaisergranat

IM TOMATEN-FENCHEL-SUD

Nur diese 4 Zutaten kaufen:

1

2

3

4

1 8 Kaisergranate
2 200 ml Hummersuppe
3 1 Fenchelknolle
4 1/2 Hand voll Kirschtomaten

Basisprodukte:
3 EL Olivenöl, 1 Schuss Weißwein,
1 Tasse Gemüsebrühe
sowie 1 EL Butter, Salz, Pfeffer

Kaisergranat hat empfindliches Fleisch. Am besten schmeckt er gebacken (siehe S. 106) oder in einem würzigen Sud. Durch den Fenchel bekommt dieses Gericht einen Hauch von Bouillabaisse-Aroma.

Der Kaisergranat

Kaisergranat schälen (siehe Einband). Die Schalen in einem kleinen Topf mit etwas Olivenöl andünsten, mit Weißwein und Brühe ablöschen, mit der Hummersuppe auffüllen, aufkochen und 15 Minuten ziehen lassen.

Fenchel und Tomaten

Die Fenchelknolle halbieren, den Strunk entfernen und den Fenchel in feine Streifen schneiden. Die Kirschtomaten waschen, trockentupfen und halbieren. In einer Pfanne auf der Schnittfläche mit wenig Olivenöl anbraten und im vorgeheizten Backofen bei 120 °C (Umluft 100 °C) 5 Minuten schmoren. Die Fenchelstreifen in einem Topf mit der Butter dünsten. Den Kaisergranatsud durch ein Sieb gießen, den Sud zum Fenchel geben und kurz köcheln lassen. Mit Salz und Pfeffer abschmecken, Kaisergranate sowie die Tomaten hinzufügen, aufkochen, 3 Minuten ziehen lassen und servieren.

Kochzeit 30 Minuten

Der Fenchel bekommt durch Safran einen interessanten Geschmack, mit Oliven und Paprikaschoten statt Tomaten wird der Sud etwas deftiger.

30

Gebackene Forellenfilets

IM BIERTEIG MIT BLUMENKOHL

Nur diese 4 Zutaten kaufen:

1 1/2 Bund Brunnenkresse
2 1 kleine Flasche Bier (Pils)
3 1/2 Kopf Blumenkohl
4 4 kleine Forellenfilets (ohne Haut)

Basisprodukte: 2 Tassen Sahne, 2 Eier, 1 Tasse Gemüsebrühe, 1/2 Zitrone sowie 200 g Mehl, 1 TL Stärke, Salz, Pfeffer, 200 ml Pflanzenöl

Nicht nur Weißwein ist ein perfekter Begleiter zu Fisch, auch Bier passt sehr gut zu manchen Fischen. Und das nicht nur, wenn man es dazu trinkt. Forelle im Bierteig gebacken ist eine besondere Spezialität.

Der Teig

Die Brunnenkresse waschen, trockentupfen und fein hacken. Für den Teig 100 g Sahne, die Eier, das Mehl, die Stärke, 1 Prise Salz und etwas Brunnenkresse glatt rühren. Etwa 100 ml Bier langsam hineingießen, unterrühren und den Teig kühl stellen.

Der Blumenkohl

Den Blumenkohl in Röschen teilen, waschen und in einem Topf mit der Brühe und 1 Prise Salz zugedeckt etwa 5 Minuten dünsten. Den Fond ohne Deckel etwas einkochen lassen, 1 guten Schuss Sahne hinzugeben, erneut aufkochen und mit Salz und Pfeffer würzen. Das Pflanzenöl in einem tiefen Topf erhitzen.

Die Forellenfilets

Die Forellenfilets auf Gräten kontrollieren, falls nötig, entfernen (siehe Einband), mit Salz und Pfeffer würzen, mit etwas gehackter Brunnenkresse bestreuen. Jeweils 2 Filets aufeinander legen, etwas Zitronensaft darüber träufeln und die Filets dritteln. Die Forellenfilets in den Bierteig tauchen und einzeln im heißen Fett goldbraun ausbacken. Auf Küchenpapier abtropfen lassen und im vorgeheizten Backofen bei 150 °C (Umluft 130 °C) etwa 4 Minuten fertig garen. Zum Servieren den Blumenkohl auf Teller verteilen, mit der Brunnenkresse dekorieren und die gebackenen Forellenfilets darauf setzen.

Kochzeit 30 Minuten

Probieren Sie den Teig auch mit anderen Biersorten, z. B. Weißbier oder dunklem Bier. Je nach Biersorte verändert sich der Geschmack des Teiges.

30

Rotbarbe im Pergament

MIT ZITRONENTHYMIAN

Nur diese 4 Zutaten kaufen:

1

2

3

4

1 2 gelbe Paprikaschoten
2 2 Rotbarben (à 200 g)
3 1 Bund Zitronenthymian
4 1 Baguette oder Weißbrot

Basisprodukte:
2 EL Olivenöl
sowie Salz, Pfeffer, 1 EL Butter

Fisch, der auf diese Weise zubereitet wird, nennt man in Frankreich »en papillote«. Der Fisch behält dadurch viel von seinem Eigengeschmack. Beim Öffnen des Pergamentpapiers entfaltet sich der unverwechselbare Duft von Kräutern und feinem Meeresfisch.

Paprika und Rotbarbe

Die Paprikaschoten schälen, halbieren, Kerngehäuse und Stielansatz entfernen und die Paprika in feine Streifen schneiden. Die Rotbarben unter fließendem Wasser schuppen, gut auswaschen, mit Küchenpapier abtupfen und mit Salz und Pfeffer würzen. Zitronenthymian waschen, trockentupfen und die Bauchhöhlen damit füllen.

Die Päckchen

Pergamentpapier (2 große Stücke à 40 mal 40 cm) ausbreiten, die Paprikastreifen jeweils in die Mitte geben, mit Salz und Pfeffer würzen, die Fische mit etwas Olivenöl bestreichen und auf den Paprika legen. Die Butter in Flöckchen darauf geben. Das Pergamentpapier zu lockeren, luftdichten Päckchen verschließen. Die Papieroberfläche ebenfalls mit etwas Öl bestreichen (dadurch bräunt das Papier nicht zu stark) und die Päckchen im vorgeheizten Backofen auf mittlerer bzw. unterer Schiene bei 210 °C (Umluft 190 °C) etwa 20 Minuten garen. Zum Servieren die Fischpäckchen vorsichtig auf Teller setzen und am Tisch öffnen. Dazu Baguette reichen.

Kochzeit 30 Minuten

Sie können auch noch Knoblauch, Oliven und Tomaten mit zum Fisch in das Pergamentpapier geben.

30

Wolfsbarsch

MIT RISOTTO UND PAPRIKA-OLIVEN-RAGOUT

Nur diese 4 Zutaten kaufen:

1

2

3

4

1 2 Hand voll Risottoreis
2 2 große Wolfsbarschfilets
3 1 rote Paprikaschote
4 2 EL schwarze Oliven

Basisprodukte: 2 große Gläser Weißwein, 2 große Gläser Gemüsebrühe, 1 Zwiebel, 4 EL Olivenöl sowie Salz, Pfeffer, 2 EL kalte Butter, 1 EL Mehl

Ein Risotto mit Weißwein zubereitet wird wunderbar cremig und hat eine angenehm erfrischende Säure. Risotto ist genau die richtige Beilage zu gebratenem Fisch oder Krustentieren. Paprika und Oliven geben dem Wolfsbarsch zusätzlich Würze.

Der Risotto

Den Weißwein und die Brühe in einen Topf geben, kurz aufkochen und heiß halten. Die Zwiebel schälen, in feine Würfel schneiden und in 1 EL Olivenöl andünsten. Den Reis dazugeben, mit Salz und Pfeffer würzen und ebenfalls kurz andünsten. So viel heißen Weißweinfond dazugeben, bis der Reis gut bedeckt ist. Die Hitze reduzieren – der Risotto muss langsam garen, eher quellen. Immer wieder unter ständigem Rühren etwas heißen Fond zum Risotto geben, der Reis soll stets genügend Flüssigkeit haben. Fertig ist der Risotto nach etwa 15 Minuten, wenn die Reiskörner noch etwas Biss haben, aber schon zu einer cremigen Masse geworden sind. Zuletzt die kalte Butter unter den Risotto rühren.

Fisch und Ragout

Den Wolfsbarsch auf Schuppen und Gräten kontrollieren, falls nötig, entfernen (siehe Einband) und in 4 gleich große Stücke teilen. Die Paprika schälen, Stielansatz und Kerne entfernen und das Fruchtfleisch in Würfel schneiden. In einem kleinen Topf bei mittlerer Hitze mit 2 EL Olivenöl langsam schmoren. Die Oliven entkernen, klein schneiden, zum Paprika geben und mit Salz und Pfeffer abschmecken. Den Wolfsbarsch würzen, auf der Hautseite leicht mit Mehl bestäuben, bei mittlerer Hitze in einer Pfanne im restlichen Olivenöl etwa 6 Minuten braten, kurz vor dem Servieren wenden. Den Risotto auf Teller verteilen, das Paprika-Oliven-Ragout hinzugeben und den Fisch mit der Hautseite nach oben darauf anrichten. Nach Belieben mit ganzen Oliven garnieren.

Kochzeit
30
Minuten

In den Risotto können Sie auch frische Kräuter, Safran, Knoblauch oder getrocknete Tomaten rühren.

30

Gratin von Schollenfilets

UND MAKKARONI MIT PFIFFERLINGEN

Nur diese 4 Zutaten kaufen:

1 150 g Makkaroni
2 4 Schollenfilets
3 1/2 Stange Lauch
4 1/2 Hand voll frische Pfifferlinge

Basisprodukte:
1/2 Zitrone, 1 Tasse Sahne, 2 Eier, 6 EL Olivenöl
sowie Salz, 1 EL Butter, Pfeffer

Mit diesem eindrucksvollen Makkaroni-Gratin ist Ihnen die Überraschung Ihrer Gäste sicher. Die runde Schneckenform des Gratins erhalten Sie mit Metallringen (Durchmesser etwa 11 cm).

Das Gratin

Die Makkaroni in Salzwasser »al dente« garen, mit kaltem Wasser abschrecken. Mit etwas Butter 2 Metallringe ausstreichen und auf ein gebuttertes Backblech setzen. Die Schollenfilets der Länge nach halbieren, mit Salz und Pfeffer und etwas Zitronensaft würzen, je 4 Filets aufeinander legen und schneckenförmig aufrollen. Die Metallringe damit auslegen. Die Makkaroni ebenfalls schneckenförmig auf den Fisch legen. Die Sahne mit einem Handrührgerät steif schlagen und 2 EL Sahne mit 2 Eigelb vermischen, mit Salz und Pfeffer würzen und gleichmäßig auf den Makkaroni verteilen. Unter dem Backofengrill 10 bis 15 Minuten gratinieren.

Lauch und Pilze

Den Lauch putzen, waschen, trockentupfen und in feine Streifen schneiden. In einem kleinen Topf mit etwas heißem Öl kross frittieren, auf Küchenpapier abtropfen lassen. Die Pilze putzen, trocken abreiben, halbieren und in einer Pfanne im heißen Olivenöl braten. Mit Salz und Pfeffer würzen und kurz vor dem Servieren 1 EL geschlagene Sahne dazugeben. Zum Anrichten die Gratins in die Mitte der Teller setzen, die Pilze mit der Sahne und dem frittierten Lauch dazugeben.

Kochzeit
30
Minuten

Sie können die Gratiniermasse noch mit etwas Senf, Tomatenwürfeln oder Kresse verfeinern.

30

Pochiertes Zanderfilet

AUF WILDREIS MIT SAFRANSABAYON

Nur diese 4 Zutaten kaufen:

1

2

3

4

1 2 Hand voll Wildreis
2 1 Bund Lauchzwiebeln
3 2 Zanderfilets (ohne Haut)
4 1 Päckchen Safran

Basisprodukte: 1 Zwiebel, 3 EL Olivenöl, 3 große Gläser Weißwein, 3 große Gläser Gemüsebrühe, 2 Eier sowie Salz, Pfeffer, 1 EL Butter

Wildreis hat ein sehr eigenständiges Aroma: In Kombination mit zartem Fischfilet und Safran-aromatischem Sabayon wird dieses Gericht zu einem echten Gaumenschmaus.

Der Reis

Die Zwiebel schälen, in feine Würfel schneiden, in einem größeren Topf mit etwas Olivenöl kurz andünsten, den Reis hinzugeben und mit Weißwein und Brühe auf die doppelte Menge auffüllen. Mit Salz und Pfeffer würzen, aufkochen, ofenfesten Deckel darauf setzen und im vorgeheizten Backofen bei 180 °C (Umluft 160 °C) etwa 20 Minuten garen, dabei gelegentlich umrühren.

Die Zanderfilets

Die Lauchzwiebeln putzen, der Länge nach halbieren, waschen, trockentupfen und in einer Pfanne im Olivenöl bei mittlerer Hitze langsam braten. Die Zanderfilets auf Gräten kontrollieren, falls nötig, entfernen (siehe Einband), mit Salz und Pfeffer würzen, in eine gebutterte Auflaufform oder auf tiefe Teller geben. Mit Weißwein aufgießen, bis der Fisch bis zur Hälfte bedeckt ist, mit Alufolie gut abdecken und 8 bis 10 Minuten mit dem Reis im Ofen fertig garen.

Das Sabayon

Die Eier, 1 guten Schuss Weißwein und Brühe sowie Salz und Pfeffer und den Safran in einer Metallschüssel mit dem Schneebesen über dem heißen Wasserbad schaumig schlagen. Den Reis auf Teller verteilen, den Zander und die Lauchzwiebeln dazugeben und mit dem Sabayon garnieren.

Kochzeit 30 Minuten

Wenn das Gericht eine herzhafte Note erhalten soll, bereiten Sie das Sabayon statt mit Safran mit Senf zu.

30

Gebratener Wolfsbarsch

AUF SPINAT-POLENTA

Nur diese 4 Zutaten kaufen:

1

2

3

4

1 4 EL Polenta (Maisgrieß)
2 1 Hand voll frischer Spinat
3 1 großes Wolfsbarschfilet
4 1 kleines Bund Thymian

Basisprodukte: 3 große Tassen Gemüsebrühe, 3 EL Olivenöl, 1 Glas Rotwein sowie Salz, Pfeffer, 1 1/2 EL Butter, 1/2 TL Stärke, 1 EL Mehl

Hier präsentiert sich der Wolfsbarsch – auch als Loup de mer bezeichnet – von der deftigen Seite. Die Kombination von Rotweinsauce und Spinat-Polenta bringt Raffinesse ins Spiel.

Die Polenta

Etwa 300 ml Brühe aufkochen, den Polentagrieß einstreuen, mit dem Schneebesen gut durchrühren und 15 Minuten ganz leicht köcheln, eher quellen lassen. Gelegentlich umrühren, denn Polenta brennt leicht an. Eventuell noch Brühe zugeben. Die Konsistenz sollte leicht cremig sein.

Der Spinat

Den Spinat gründlich waschen, von den Stielen befreien und in Streifen schneiden. Den Spinat in die heiße Polenta geben und unterrühren, mit Salz und Pfeffer, etwas Olivenöl und 1/2 EL Butter abschmecken. Falls nötig, noch etwas Brühe dazugeben.

Der Wolfsbarsch

In einem kleinen Topf den Rotwein mit der gleichen Menge Brühe auf die Hälfte einkochen, mit Salz und Pfeffer abschmecken und mit der Stärke ganz leicht sämig binden. Den Wolfsbarsch auf Schuppen und Gräten kontrollieren, falls nötig, entfernen (siehe Einband) und in 4 gleich große Stücke teilen. Den Fisch mit Salz und Pfeffer würzen, auf der Hautseite leicht mit Mehl bestäuben. In einer Pfanne in etwas Olivenöl bei mittlerer Hitze auf der Hautseite langsam braten. Thymian waschen und trockentupfen. Den Fisch wenden, den Thymian sowie 1 EL Butter mit in die Pfanne geben und schmelzen lassen. Die Pfanne vom Herd nehmen und mit einem Löffel die Thymianbutter immer wieder über den Fisch geben. Zum Anrichten den Fisch auf die Polenta setzen und mit der Sauce servieren.

Kochzeit 30 Minuten

Noch etwas Parmesan und Knoblauch passen hervorragend zur Polenta und dem Fisch.

30

Heilbuttsteak

MIT LIMONEN-RISOTTO

Nur diese 4 Zutaten kaufen:

1 1 Chicorée
2 3 unbehandelte Limonen
3 2 Hand voll Risottoreis
4 2 Heilbuttsteaks (à 150 g)

Basisprodukte: 2 große Gläser Weißwein, 2 große Gläser Gemüsebrühe, 1 Zwiebel, 3 EL Olivenöl sowie Salz, Pfeffer, 2 EL kalte Butter, 1 EL Mehl

Knusprig gebratener Heilbutt mit dem erfrischenden Limonen-Risotto ist ein Hochgenuss. Der leicht bittere Chicorée bringt eine weitere Geschmacksnote ins Spiel.

Chicorée und Limonen

Vom Chicorée die Blätter lösen, kurz in lauwarmem Wasser und dann in kaltem Wasser waschen. Die Limonen waschen, etwas Schale fein abreiben. Die Limonen mit einem Messer schälen und die Filets herausschneiden.

Der Risotto

Den Weißwein und die Brühe in einem Topf aufkochen und heiß halten. Die Zwiebel schälen, in feine Würfel schneiden und in 1 EL Olivenöl andünsten. Den Reis dazugeben, mit Salz und Pfeffer würzen und ebenfalls kurz andünsten. So viel heißen Weißweinfond dazugeben, bis der Reis gut bedeckt ist. Die Hitze reduzieren – der Risotto muss langsam garen, eher quellen.

Unter ständigem Rühren immer wieder etwas heißen Fond zum Risotto geben. Der Reis sollte stets genügend Flüssigkeit haben. Den Reis etwa 15 Minuten garen, bis die Reiskörner noch etwas Biss haben, aber schon zu einer cremigen Masse geworden sind. Zuletzt die kalte Butter unter den Risotto rühren.

Der Heilbutt

Den Heilbutt mit Salz und Pfeffer würzen, leicht mit Mehl bestäuben und von allen Seiten in einer Pfanne im restlichen Olivenöl braun braten. Limonenschale und -filets unter den Risotto rühren, erwärmen, falls nötig, mit Salz und Pfeffer nachwürzen. Risotto auf Teller verteilen, mit Chicorée garnieren und den Heilbutt darauf setzen.

Kochzeit
30
Minuten

Statt Heilbutt können Sie auch gebratene Scampi oder Thunfischsteaks (siehe S. 86) zum Limonen-Risotto servieren.

30

Forelle Müllerin Art

MIT KARTOFFEL-RADIESCHEN-SALAT

Nur diese 4 Zutaten kaufen:

1. 1/2 Kopf Friséesalat
2. 1/2 Bund Radieschen
3. 2 frische Forellen
4. 1 EL süßer Senf

Basisprodukte: 4 Kartoffeln, 1/2 Zitrone, 1 Tasse Gemüsebrühe, 1 Schnapsglas Balsamico-Essig sowie Salz, Pfeffer, 4 EL Mehl, 4 EL Pflanzenöl, 4 EL Butter

In Italien liebt man die im Ganzen gebratene Dorade, in Frankreich ist es die Rotbarbe und hierzulande wird die Forelle Müllerin Art besonders geschätzt. Sie sollte unbedingt ganz frisch sein und nicht tiefgekühlt.

Kartoffeln und Radieschen

Die Kartoffeln schälen, in Scheiben schneiden und in Salzwasser weich kochen. Den Frisée großzügig putzen und das gelbe Salatherz zunächst 2 Minuten in lauwarmes Wasser – zieht die Bitterstoffe etwas heraus –, dann in kaltes Wasser legen. Abtropfen lassen und zerteilen. Die Radieschen putzen, waschen und in feine Scheiben schneiden.

Die Forellen

Die Forellen gründlich abbrausen und mit Küchenpapier gut trockentupfen, mit Salz und Pfeffer würzen, mit Mehl kräftig bestäuben und in einer Pfanne oder in einem kleinen Bräter mit 3 EL Pflanzenöl von beiden Seiten langsam bei mittlerer Hitze braun braten. Die Zitrone in Stücke schneiden und nach etwa 8 bis 10 Minuten mit der Butter zu der Forelle geben.

Der Salat

Die Gemüsebrühe erhitzen. Die lauwarmen Kartoffelscheiben mit den Radieschen, dem süßen Senf, Balsamico-Essig, der Gemüsebrühe und 1 EL Pflanzenöl vermischen, mit Salz und Pfeffer abschmecken. Kurz vor dem Servieren den Friséesalat dazugeben. Die Forelle mit etwas Butter und Zitrone aus der Pfanne servieren, den Kartoffel-Radieschen-Salat getrennt dazu reichen.

Kochzeit
30
Minuten

Ganz klassisch wird die Forelle Müllerin Art, wenn Sie frische Petersilie fein hacken und zusammen mit Mandelblättchen beim Braten der Forelle in die Pfanne geben.

30

Register

Die Mengenangaben:

1 Schuss	5 cl
1 Schnapsglas	4 cl
1 Glas	0,2 l
1 großes Glas	0,35 l
1 Tasse	0,15 l
1 große Tasse	0,25 l